Strafrecht

2018

Dr. Rolf Krüger
Rechtsanwalt, Fachanwalt für Strafrecht
und Repetitor

ALPMANN UND SCHMIDT Juristische Lehrgänge Verlagsges. mbH & Co. KG
48143 Münster, Alter Fischmarkt 8, 48001 Postfach 1169, Telefon (0251) 98109-0
AS-Online: www.alpmann-schmidt.de

Dr. Krüger, Rolf
Strafrecht
6., neu bearbeitete Auflage 2018
ISBN: 978-3-86752-558-9

Verlag: Alpmann und Schmidt Juristische Lehrgänge
Verlagsgesellschaft mbH & Co. KG, Münster

Jede Handlung oder garantenpflichtwidrige Unterlassung der Schwangeren oder eines Dritten, die auf eine Leibesfrucht einwirkt und über die Beendigung der Schwangerschaft hinaus zurechenbar verursacht, dass das Tatobjekt als Leibesfrucht im Mutterleib oder als Mensch außerhalb des Mutterleibes stirbt.

Abbruch der Schwangerschaft
[§§ 218, 218 b, 218 c]

Vorstellung, den Deliktserfolg durch willentlich nicht steuerbare irreale Kräfte herbeizuführen. Nach h.M. kein Tatentschluss und straflos, weil nur rechtlich irrelevantes Wünschen vorliegt.

Abergläubischer Versuch
[§ 22]

(Lat.) „Abirrung des Hiebes (oder des Angriffs)." Nach aus Tätersicht richtiger Individualisierung des Opfers/Tatobjekts wird ein falsches Tatobjekt/-opfer aufgrund eines abweichenden Kausalverlaufs getroffen. Nach h.M. Vorsatzausschluss, und zwar auch bei rechtlicher Gleichwertigkeit zwischen anvisiertem und getroffenem Tatobjekt.

aberratio ictus (vel impetus)
[§ 16]
★

Jede unselbstständige, d.h. weisungsabhängige und nach umstr. Rspr. nicht notwendigerweise erfolgreiche Unterstützung, die dem Vortäter mit dessen Einverständnis und in seinem Interesse beim Verschieben der Beute geleistet wird.

Absatzhilfe
[§ 259]
★

Absetzen
[§ 259]
★

Wirtschaftliche Verwertung der Sache im Interesse des Vortäters und mit seinem Einverständnis durch erfolgreiche entgeltliche und selbstständig vorgenommene Veräußerung an Dritte.

Absicht
[§§ 15, 16]
★

1. Stärkste Vorsatzform (dolus directus I), bei welcher der Täter den zielgerichteten Willen haben muss, den tatbestandlichen Erfolg herbeizuführen oder den Umstand zu verwirklichen, für den das Gesetz absichtliches Handeln voraussetzt (z.B. Aneignungsabsicht bei § 242), wobei in kognitiver Hinsicht genügt, dass der Täter den Eintritt des Erfolgs nur für möglich hält.
2. Überschießende Innentendenz bei Tatbeständen, die einen nur ins Subjektive vorverlagerten zweiten deliktischen Akt verlangen; hier kann die Absicht schon bei ⇨ direktem Vorsatz erfüllt sein (z.B. Nachteilszufügungsabsicht bei § 274).

Absicht, sich im Besitz des gestohlenen Gutes zu erhalten
[§ 252]
★

Zielgerichteter Wille des Inhabers des Beutegewahrsams oder des Vortäters, dem die Sachherrschaft durch einen Vortatbeteiligten zugerechnet wird, die Gewahrsamsentziehung zum Zweck der Eigen- oder Drittzueignung zu verhindern.

Direkter Vorsatz, durch die Tat eine Verbesserung der Vermögenslage des Täters oder eines Dritten als Endziel oder auch nur Zwischenziel für einen anderen Zweck zu erreichen.

Absicht, sich oder einen Dritten zu bereichern
[§§ 253, 259, 263]
★

Der Tatausführende handelt in Kenntnis aller Tatumstände, besitzt aber nicht die nach dem jeweiligen Straftatbestand erforderliche Absicht und kann damit kein Täter dieser Strafvorschrift sein. Der Tatveranlasser besitzt die deliktsspezifische Absicht und wird nach h. M. durch diese „normative Überlegenheit" zum mittelbaren Täter. Zu dieser Tat leistet der Ausführende durch seine Verwirklichungshandlung vorsätzlich Beihilfe.

absichtslos-doloses Werkzeug
[§ 25 I Alt. 2]
★

Ein Angriff wird mit dem Ziel herausgefordert, den Provozierten später unter dem Deckmantel der Notwehr verletzen zu können. Nach h.M. entfällt dann das Notwehrrecht mangels Gebotenheit. Nach a.A. fehlt der Notwehrwille.

Absichtsprovokation
[§ 32]
★

Unterfall der ⇨ Urkunde, der schon bei ihrer Herstellung die Beweisbestimmung beigelegt worden ist.

Absichtsurkunde
[§ 267]

Absolute Fahruntüchtigkeit, alkoholbedingte [§§ 315 c, 316] ★	Unwiderlegbar vermutete Fahrunsicherheit bei einer Blutalkoholkonzentration von 1,1‰ bei Kraftfahrzeugführern bzw. von 1,6‰ bei Radfahrern.
Abstrakte Gefährdungsdelikte ★	Schlichte Tätigkeitsdelikte, die nur die Vornahme einer schon für sich gesehen riskanten Handlung voraussetzen (z.B. § 316).
Abwägungsklausel [§ 34 S. 1]	Das geschützte Interesse, also dasjenige, dem die Gefahr drohte (Erhaltungsinteresse), muss das beeinträchtigte Rechtsgut, also dasjenige, das durch die tatbestandsmäßige Handlung verletzt wurde (Eingriffsgut), wesentlich überwiegen.
actio illicita in causa [§§ 32, 34]	(Lat.) „In der Ursache verbotene Handlung." Rechtsfigur, die in Anlehnung an die ⇨ actio libera in causa die Berufung auf einen in der unmittelbaren Tatbestandsverwirklichung eingreifenden Strafbarkeitsmangel (hier: Rechtfertigungsgrund der Notwehr oder des Notstandes) versagt, wenn der Täter diesen vorwerfbar herbeigeführt hat.

actio libera in causa (sed illibera in actu)
[§§ 20, 21]
★

(Lat.) „In der Ursache frei(-verantwortliche) Handlung, aber im Vollzug unfreie, also dem Täter nicht vorwerfbare Handlung." Umstrittene strafrechtliche Hilfskonstruktion, die den Strafausschluss gemäß § 20 bzw. die Strafmilderung gemäß § 21 ausschließen soll, wenn der Täter vorwerfbar einen Geschehensablauf in Gang gesetzt hat, welcher die Ursache für ein später im Zustand der Schuldunfähigkeit bzw. verminderten Schuldfähigkeit begangenes ⇨ verhaltensneutrales Delikt bildet (Vorverlagerungstheorie). Voraussetzung ist, dass der Täter sowohl bzgl. der Herbeiführung des § 20 als auch bzgl. der konkreten Tat im späteren Zustand der Schuldunfähigkeit Vorsatz besessen hat, sog. vorsätzliche actio libera in causa. Handelte er mindestens bzgl. eines dieser Umstände unvorsätzlich, aber sorgfaltswidrig, so wurde früher die Strafbarkeit aus Fahrlässigkeit mithilfe der sog. fahrlässigen actio libera in causa begründet. Die Rspr. verzichtet heute auf diese Konstruktion. Danach ergibt sich unmittelbar aus der Struktur der Fahrlässigkeitstat, dass an jede sorgfaltswidrige Handlung angeknüpft werden kann, die ursächlich für den tatbestandlichen Erfolg war, also auch an ein vorheriges Sichberauschen.

---

agent provocateur
[§§ 26, 27]
★

(Franz.) Lockspitzel, Kennzeichnung eines ⇨ Teilnehmers, i.d.R. ⇨ Anstiftung ohne Erfolgswillen, zumeist aus der Motivation, den Täter wegen der begangenen Straftat überführen zu können. Unbestritten ist, dass der Lockspitzel als Teilnehmer der Vorsatztat straflos bleibt, wenn er es nur zum ⇨ Versuch kommen lassen will. Die h.M. lässt auch denjenigen unbestraft, der es zwar zur ⇨ Vollendung, nicht aber zu einer materiellen Rechtsverletzung kommen lassen will. In allen genannten Fällen fehle der für die Teilnahme unverzichtbare Erfolgsvorsatz.

Akzessorietäts-orientierte Verursachungstheorie
[§§ 25, 26]

Heute herrschende Theorie zum Strafgrund der Teilnahme, der darin besteht, dass der Teilnehmer durch seine Mitwirkungs- oder Unterstützungshandlung vorsätzlich einen eigenen Rechtsgutangriff begeht, der aber in seiner Wirksamkeit von der Haupttat abhängig ist.

Alkoholbedingte Fahruntüchtigkeit
[§§ 315 c, 316]

Zu unterscheiden sind ⇨ absolute Fahruntüchtigkeit und ⇨ relative Fahruntüchtigkeit.

Alleintäter
[§ 25 Abs. 1 Alt. 1]

(Synonym: Einzeltäter) Jede natürliche Person, die den Straftatbestand durch eigenes Handeln oder durch garantenpflichtwidriges Geschehenlassen eines Naturkausalverlaufs verwirklicht.

Allgemeindelikt

Strafvorschrift, die von jedermann verwirklicht werden kann.

Allgemeine persönliche Merkmale
[§ 29]

Deliktsmerkmale, die zwar personenbezogen sind, aber bei jedem Delikt Bedeutung erlangen können. Dazu gehören die Schuldunfähigkeit, die verminderte Schuldfähigkeit, der Verbotsirrtum und die anerkannten Entschuldigungsgründe.

Alternative Kausalität

Sonderfall mehrerer zeitgleich in einem Erfolg wirksam gewordener Handlungen, die für sich gesehen, nicht aber zusammen hinweggedacht werden könnten, ohne dass der konkrete Erfolg entfiele. Nach abgewandelter ⇨ conditio-sine-qua-non-Formel ist jede dieser Bedingungen für den Erfolg ursächlich.

Alternativverhalten, rechtmäßiges/ pflichtgemäßes
★

Tatbestandsausschluss wegen fehlender ⇨ objektiver Zurechnung bzw. wegen fehlenden Pflichtwidrigkeitszusammenhangs beim fahrlässigen Erfolgsdelikt, der auf der Unvermeidbarkeit des Erfolgs beruht. Hat der Täter sich zwar sorgfaltswidrig verhalten und durch seine Handlung eine Ursache für den Erfolg gesetzt,

	bleibt er trotzdem straffrei, wenn derselbe Erfolg zur gleichen Zeit aufgrund eines Umstandes, der bereits unmittelbar in der Tatsituation angelegt war, auch dann eingetreten wäre, wenn sich der Täter in der kritischen Lage pflichtgemäß verhalten hätte.
Alternativvorsatz	Vorsatz zur Verwirklichung von zwei oder mehr Tatbeständen, die sich gegenseitig ausschließen.
Amtlicher Ausweis	⇨ Ausweispapier
Anbieten [§§ 331 ff.]	Offerte auf Abschluss einer ⇨ Unrechtsvereinbarung.
Anderer [z.B. §§ 185, 201 ff., 211, 223 ff.]	Jedes menschliche Individuum vom Beginn seiner (Lebend-)Geburt bis zu seinem Gesamthirntod.
Anders abwendbar [§ 34 S. 1] ★	Nach objektivem ex ante-Urteil geeignete Handlung, die Gefahr sofort und endgültig zu beenden. Stehen mehrere, gleich wirksame Mittel oder Einsatzmöglichkeiten eines Mittels zur Verfügung,

so hat der Verteidiger das relativ mildeste Mittel zu wählen, also dasjenige, das am wenigsten gefährlich ist.

Aneignung(sabsicht)
[§§ 242, 249]
★

Zielgerichteter Wille, die Sachsubstanz oder den ⇨ funktionsspezifischen Sachwert, wenn auch nur vorübergehend, der eigenen Verfügungsgewalt einzuverleiben. Das Interesse an der Sache kann darin bestehen, den Gegenstand behalten oder nur kurzfristig gebrauchen oder darüber dinglich verfügen zu wollen.

Angemessenheit
[§ 34 S. 2]
★

Sozialethische Schranke für Notstandshandlungen. Unangemessen ist eine Notstandshandlung, wenn das beeinträchtigte Rechtsgut nach Art. 1 I GG nicht abwägungsfähig ist, wenn die Tat gegen oberste Rechtsprinzipien verstößt oder wenn für den Träger des Erhaltungsguts besondere Duldungspflichten bestehen.

Angriff
[§ 32]
★

Jede Bedrohung rechtlich geschützter Interessen durch menschliches Verhalten, gleichgültig, ob die Bedrohung bezweckt oder ungewollt ist.

Angriff mehrerer
[§ 231]

Jede in feindseliger Willensrichtung unmittelbar auf den Körper eines anderen abzielende Einwirkung von mindestens zwei Personen.

---

animus auctoris
[§ 25]

(Lat.) „Wille des Urhebers". Wertungskriterium der Rspr. zur Abgrenzung des ⇨ Mittäters vom ⇨ Teilnehmer. Täter ist, wer einen beliebigen Tatbeitrag, von der Vorbereitung bis zur tatsächlichen Beendigung der Tat, mit Täterwillen geleistet hat. ⇨ Täterwillen besitzt, wer die Tat als eigene will. Indizien sind der Grad des eigenen Interesses am Erfolg, der Umfang der Tatbeteiligung und die Tatherrschaft oder wenigstens der Wille zur Tatherrschaft.

---

animus socii
[§§ 26, 27]

(Lat.) „Wille des Genossen". Gegenbegriff zum ⇨ Täterwillen. Teilnehmerwillen besitzt, wer die Tat als fremde will.

Ankaufen
[§ 259]
★

Einvernehmlicher entgeltlicher Erwerb vom Vortäter in der Weise, dass der Vortäter die Verfügungsgewalt auf den Erwerber überträgt, sodass dieser die Sache ihrem wirtschaftlichen Wert nach übernimmt.

Annahme des Erbietens
[§ 30 II Fall 2]

Schon als solche strafbare Vorstufe der Anstiftung zu einem Verbrechen, bei der die Initiative vom tatgeneigten Täter ausgeht, der die endgültige Fassung des Tatentschlusses von der Annahme des anderen abhängig macht.

Annehmen [§§ 331 ff.]

Tatsächliche Entgegennahme des Vorteils.

Anstellungsbetrug [§ 263]

Erscheinungsform des ⇨ Eingehungsbetruges, der schon mit Abschluss des Anstellungsvertrags vollendet ist, und zwar bei Beamten, wenn sie fachlich nicht leistungsfähig oder persönlich ungeeignet sind, und bei privaten Arbeitsverhältnissen bei fehlender fachlicher Fähigkeit oder bei Vertrauenspositionen, wenn der Bedienstete die besondere Vertrauenswürdigkeit oder Zuverlässigkeit nicht besitzt.

Anstiftung [§ 26] ★

Teilnahmeform mit derselben Strafe wie Täter durch Verursachung des Tatentschlusses eines anderen, nach h.M. nur mittels aktiver psychischer Einflussnahme.

Anvertraut [§ 246 II] ★

Strafschärfendes ⇨ besonderes persönliches Merkmal, das erfüllt ist, wenn dem Täter der Gewahrsam am Tatobjekt in dem Vertrauen eingeräumt worden ist, die Sachherrschaft nur i.S.d. Eigentümers auszuüben, d.h. mit der Sache im Interesse oder nach Weisung des Eigentümers zu verfahren oder ihm diese zurückzugeben.

Äquivalenztheorie
★

Synonym: ⇨ conditio-sine-qua-non-Formel. Gleichwertigkeit (=Äquivalenz) aller Ursachen eines strafrechtlichen Erfolges. Beim ⇨ Erfolgsdelikt ist jede Handlung – unabhängig von der Zahl der Zwischenursachen – kausal, die nicht hinweggedacht werden kann, ohne dass der konkrete Erfolg entfiele.

Arglosigkeit
[§ 211 II]
★

Untermerkmal der ⇨ heimtückischen Tötung. Das zum Argwohn fähige Opfer rechnet bei Beginn des ersten mit Tötungsvorsatz geführten Angriffs weder mit einem Angriff auf sein Leben noch mit einem erheblichen Angriff auf seine körperliche Unversehrtheit.

Ärztlicher Heileingriff
[§§ 223 ff.]

In der Lit. vertretener, von der Rspr. abgelehnter Tatbestandsausschluss für eine in die Körperintegrität eingreifende Behandlung, die vorgenommen wird, um Krankheiten, körperliche Schäden und Beschwerden oder seelische Störungen zu verhüten, zu erkennen, zu heilen oder zu lindern, wenn sie medizinisch indiziert war und entweder gelungen ist oder – bei Misslingen – den medizinischen Standards gemäß ausgeführt wurde.

Asche eines Verstorbenen
[§ 168 I]

Alle Verbrennungsrückstände eines menschlichen Körpers einschließlich der mit dem menschlichen Körper fest verbundenen

Bestandteile, soweit sie als Verbrennungsrückstände verbleiben (z.B. Zahngold eingeäscherter Verstorbener).

Nichtfortführung eines ⇨ unbeendeten Versuchs durch – nicht notwendig endgültigen – Verzicht auf die aus Tätersicht noch mögliche Vollendung des Tatbestandes oder eines gleichwertigen Rechtsgutangriffs.

Aufgeben der weiteren Tatausführung
[§ 24 I 1 Alt. 1]
★

Eindeutig, unmissverständlich durch Wort oder Gesten kundgetan.

Ausdrücklich
[§ 216]

Bewusstes sich zunutze Machen der erhöhten Schutzlosigkeit des Führers eines Kraftfahrzeuges oder seines Beifahrers, die dadurch begründet ist, dass der Kraftfahrzeugführer noch mit Verkehrsvorgängen beschäftigt ist und gerade deshalb leichter zum Opfer eines Überfalls werden kann.

Ausnutzen der besonderen Verhältnisse des Straßenverkehrs
[§ 316 a]
★

Verkehrsfremder Eingriff, der von außen auf den Straßenverkehr einwirkt.

Außeneingriff
[§ 315 b]

Mündliche Erklärung, die „vor“, d.h. unmittelbar gegenüber einer Vernehmungsperson gemacht worden ist.

Aussage
[§§ 153 ff.]

Aussagenotstand [§ 157]

Gesetzliche Möglichkeit der Strafmilderung oder des Absehens von Strafe bei uneidlicher Falschaussage oder der Strafmilderung bei Meineid, wenn der Täter die Unwahrheit gesagt hat, um von einem Angehörigen oder von sich selbst die Gefahr abzuwenden, bestraft oder einer freiheitsentziehenden Maßregel der Besserung und Sicherung unterworfen zu werden.

Aussteller [§ 267]

Nach der ⇨ Geistigkeitstheorie derjenige, der geistig hinter der Erklärung steht, weil er sie tatsächlich als seine Erklärung gelten lässt und weil sie ihm auch rechtlich als eigene zurechenbar ist. Nicht entscheidend ist, wer die Urkunde körperlich hergestellt hat.

Ausweispapier [§§ 273, 275, 281]

Dokument, das dem Nachweis der Identität oder der persönlichen Verhältnisse dienen soll und von einer hoheitlichen Stelle ausgestellt ist.

Automat [§ 265 a Mod. 1]

Nach h.M. nur solche Geräte, die eine unkörperliche Leistung erbringen, sog. Leistungsautomaten. Apparate, die eine bestimmte körperliche Leistung ausgeben, sog. Warenautomaten, werden nicht erfasst.

Bande
[§§ 244 I Nr. 2, 250 I Nr. 2, 260 I Nr. 2]

Gruppe von mindestens 3 Personen, die sich aufgrund ausdrücklicher oder stillschweigender Vereinbarung zur Begehung mehrerer selbstständiger, im Einzelnen noch ungewisser Taten zusammengetan haben.

Bandenmitglied
[§§ 244 I Nr. 2, 250 I Nr. 2, 260 I Nr. 2]

Persönliches strafschärfendes Merkmal gemäß § 28 Abs. 2 für jeden, der in die Organisation einer ⇨ Bande eingebunden ist, die dort geltenden Regeln akzeptiert, zum Fortbestand der Bande beiträgt und sich an den Bandentaten als Täter oder Teilnehmer beteiligt.

Bedeutender Wert
[§§ 315 b, 315 c]

Tatobjekt, das als solches mehr als 750 € Verkehrswert besitzt und dem durch die Tat auch ein Schaden mindestens in dieser Höhe droht.

Bedingungstheorie

Synonyme ⇨ Äquivalenztheorie und ⇨ conditio-sine-qua-non-Formel.

Bedingter Vorsatz

Synonym: ⇨ dolus eventualis

Behandlungsabbruch
[§§ 212, 216]

Rechtfertigungsgrund für Unterlassen, Begrenzen oder aktives Beenden einer begonnenen medizinischen Maßnahme zur Erhaltung oder Verlängerung des Lebens einer lebensbedrohlich erkrankten

Person sowie für sog. ⇨ indirekte Sterbehilfe, sofern dies dem nach den §§ 1901 a ff. BGB zu ermittelnden tatsächlichen oder mutmaßlichen Patientenwillen entspricht und dadurch motiviert ist.

Beeinflussung des Ergebnisses eines Datenverarbeitungsvorgangs
[§§ 263 a, 270]

Eingegebene Daten finden in den Arbeitsvorgang des Computers Eingang und werden für das spätere Ergebnis ursächlich.

Beendeter Versuch
[§ 24 I 1 Alt. 2]
★

Versuchsstadium, bei dem der Täter es für möglich hält oder es ihm gleichgültig ist, dass der tatbestandliche Erfolg schon aufgrund des bisher verwirklichten aktiven Tuns oder garantenpflichtwidrigen Unterlassens eintritt.

Beendigung
[§§ 78 ff., 242, 252]

Der Zeitpunkt, in dem eine Straftat ihren tatsächlichen Abschluss gefunden hat. Beendigung und ⇨ Vollendung sind deckungsgleich bei solchen Delikten, deren Tatbestand eine Rechtsgutschädigung beschreibt, die nicht mehr vertieft werden kann (z.B. Tod eines Menschen bei § 212). Die Beendigung folgt der Vollendung nach bei Straftatbeständen, die die Vollendung aus rechtspolitischen Gründen gegenüber der materiellen Rechtsgutbeeinträchtigung vorverlegen (§ 242, vollendet mit Gewahrsamserlangung, beendet mit Gewahrsamssicherung), ferner bei allen ⇨ Dauerdelikten.

Befehlsnotstand
[§ 35]

Unterfall des ⇨ entschuldigenden Notstandes. Der Täter begeht in Befolgung einer dienstlichen Weisung eine rechtswidrige Tat, um damit die für den Fall der Nichtbefolgung der Weisung angedrohten Repressalien für Leib, Leben oder Freiheit zu verhindern.

Befriedetes Besitztum
[§ 123 I]

Jede unbewegliche Sache, die in äußerlich erkennbarer Weise mittels zusammenhängender Schutzwehre wie Mauern, Hecken, Drähte und Zäune dem willkürlichen Betreten durch andere ein physisches Hindernis entgegensetzt.

Befriedigung des Geschlechtstriebs
[§ 211 II]

Mordmotiv, das erfüllt ist, wenn sich der Täter durch den Tötungsakt als solchen sexuelle Befriedigung verschaffen will, aber auch, wenn das Opfer getötet werden soll, um sich an der Leiche geschlechtlich zu befriedigen oder wenn der Tod des Opfers als Folge einer Vergewaltigungshandlung zumindest billigend in Kauf genommen wird oder wenn sich der Täter bei der Betrachtung einer Bildaufzeichnung des Tötungsakts sexuelle Befriedigung verschaffen will.

Begegnungsdelikt
[§§ 120, 291]

Straftatbestand, bei dem die Mitwirkenden durch bestimmte Verhaltensweisen in verschiedenen Rollen miteinander in Kontakt kommen. Dient ein solches Begegnungsdelikt gerade dem Schutz des notwendig Beteiligten, so ist jede Mitwirkung für ihn straflos (z.B. § 291 für den Bewucherten). Bei den übrigen Begegnungsdelikten ist jede Mitwirkung straflos, soweit sie sich auf das tatbestandlich umschriebene Maß der notwendigen Teilnahme beschränkt (z.B. bei § 120 die Mitwirkung des befreiten Gefangenen selbst).

Begehungsdelikt

Grundtyp des Vorsatz- oder Fahrlässigkeitsdelikts, der für die Tathandlung aktives Tun voraussetzt.

Beharrlich
[z.B. §§ 184 d, 238]

So häufige Wiederholung der Tathandlung, dass sie eine besondere Hartnäckigkeit des Täters und seine Gleichgültigkeit gegenüber dem gesetzlichen Verbot zum Ausdruck bringt.

Behältnis
[§ 243 I 2 Nr. 2]
★

Raumgebilde, das zur Aufnahme von Sachen dient und, im Gegensatz zum ⇨ umschlossenen Raum, nicht dazu bestimmt ist, von Menschen betreten zu werden.

Behaupten
[§§ 185 ff.]

Eine ⇨ Tatsache als Gegenstand eigenen Wissens kundtun.

Bei einem Diebstahl
[§ 252]
★

Zeitliche Phase, in der Personengewalt oder eine Drohung mit gegenwärtiger Gefahr für Leib oder Leben räuberischen Diebstahl begründen kann. Voraussetzung ist ⇨ Vollendung des Diebstahls, aber noch ausstehende ⇨ Beendigung.

Beibringen
[§ 224 I Nr. 1]

Jede Form der Verbindung des Tatmittels mit dem Körper des Opfers, gleich auf welche Weise und unabhängig davon, ob die Wirkung an der Körperoberfläche oder im Körperinneren eintritt.

Bei Vornahme einer Diensthandlung
[§ 113 I]

Unmittelbar bevorstehende oder bereits begonnene, aber noch nicht abgeschlossene konkrete Vollstreckungshandlung.

Beihilfe
[§ 27]
★

Teilnahme durch jede physische oder psychische Erleichterung (oder garantenpflichtwidrige Nichterschwerung) einer fremden Haupttat.

Bei sich führen
[§§ 244 I Nr. 1, 250 I Nr. 1 a)/b)]
★

Verfügbarkeit des straferhöhenden Mittels zwischen Versuchsbeginn und tatsächlicher Beendigung der Straftat in der Weise, dass der Täter sich dessen jederzeit, also ohne Zeitaufwand und Schwierigkeiten, bedienen kann.

Beleidigung
[§ 185]
★

Kundgabe eigener Missachtung oder Nichtachtung durch ⇨ Behaupten einer unwahren ⇨ Tatsache gegenüber dem Ehrträger selbst oder durch Äußerung eines herabsetzenden ⇨ Werturteils gegenüber dem Ehrträger oder gegenüber Dritten in Beziehung auf den Ehrträger.

Beleidigungsfreie Sphäre
[§§ 185 ff.]

Tatbestandsausschluss für Ehrverletzungsdelikte, wenn die Äußerung im Rahmen einer besonderen Vertrauensbeziehung abgegeben worden ist und keine Gefahr der Weitergabe der Äußerungen besteht.

Berechtigte Interessen
[§ 193]

Jeder öffentliche, private, ideelle oder vermögensrechtliche Zweck, soweit er rechtlich schutzwürdig ist.

Nachholungspflicht begründendes Verlassen des ⇨ Unfallorts durch eigene Handlung aufgrund eines Rechtfertigungs- oder Entschuldigungsgrundes, der nach h.M. die Strafbarkeit für das Verlassen insgesamt entfallen lassen muss, bevor die Nachholungspflicht des § 142 II entsteht.

Berechtigtes oder entschuldigtes Sichentfernen vom Unfallort
[§ 142 II]

Tätige Reue für alle Aussagedelikte gemäß §§ 153–156, wenn der Täter rechtzeitig, nicht notwendig freiwillig, die unrichtige Aussage in allen Punkten durch die Mitteilung der Wahrheit ersetzt hat. Gilt analog auch für Teilnehmer.

Berichtigung
[§ 158]

⇨ Absicht, sich oder einen Dritten zu bereichern

Bereicherungsabsicht
[§§ 253, 259, 263]

Kausale Förderungshandlung i.S.v. § 27, aber nach h.M. straflos, wenn der Hilfeleistende lediglich ⇨ Eventualvorsatz für die Begehung der Haupttat hat und sich ihm das Risiko der Begehung einer Straftat nicht besonders aufdrängt.

Berufstypische Handlung
[§ 27]

Nicht ganz unerhebliche körperliche Einwirkung auf das Tatobjekt, durch die seine stoffliche Zusammensetzung verändert oder die zweckgemäße Brauchbarkeit gemindert ist.

Beschädigen
[§§ 274 I Nr. 1, 303 I]
★

Beschimpfender Unfug [§ 168 I Mod. 2]

Jede grob ungehörige, rohe Gesinnung zeigende Handlung, die ggü. dem Menschen als Gattungswesen Verachtung bezeugt.

Beschlagnahme [§ 136]

Zwangsweise Sicherstellung einer Sache zur Verfügung einer Behörde, um öffentliche oder private Belange zu sichern.

Beschützergarant [§ 13] ★

Person, die eine umfassende Obhutspflicht für ein bestimmtes Rechtsgut vor unbestimmt vielen Gefahren hat. Beschützergarantien können entstehen aus speziellen Rechtssätzen, aus rechtlich fundierten Verhältnissen enger Lebensgemeinschaft, aus engen Vertrauensverhältnissen, aus tatsächlicher Übernahme von Schutzpflichten und aus Amtsträgerstellung.

Besitzkehr [§ 859 II BGB]

Notwehrähnlicher Rechtfertigungsgrund des Besitzers, nach verbotener Eigenmacht (§ 858 BGB) die Sache dem auf ⇨ frischer Tat ⇨ betroffenen oder ⇨ verfolgten Täter mit Gewalt wieder abzunehmen.

Besitzwehr [§ 859 I BGB]

Notwehrähnlicher Rechtfertigungsgrund des Besitzers, sich im Rahmen der Erforderlichkeit verbotener Eigenmacht (§ 858 BGB) mit Gewalt zu erwehren.

Besondere persönliche Merkmale
[§ 28]
★

Gesetzliche Merkmale, die Eigenschaften, Verhältnisse und andere Umstände kennzeichnen, welche vornehmlich mit der Person des Tatbeteiligten verknüpft sind und das Unrecht, die Schuld oder die Strafbarkeit mitbestimmen. Zu unterscheiden sind strafbegründende gemäß § 28 Abs. 1 und strafändernde besondere persönliche Merkmale gemäß § 28 Abs. 2.

Besondere Wegnahmesicherung
[§ 243 I 2 Nr. 2]
★

Künstliche Vorrichtung, deren hauptsächlicher Zweck darin besteht, die Wegnahme einer Sache erheblich zu erschweren.

Bestimmen
[§§ 26, 216]
★

Verursachung des Tatentschlusses eines anderen, nach h.M. nur mittels aktiver psychischer Einflussnahme.

Bestimmtheitsgrundsatz
[Art. 103 II GG; § 1]
★

Fundamentalprinzip des Strafrechts mit Verfassungsrang: Die Voraussetzungen der Strafbarkeit und die daran anknüpfenden Folgen müssen so konkret umschrieben sein, dass der Normadressat anhand der gesetzlichen Vorschrift voraussehen kann, ob ein Verhalten strafbar ist oder ob zumindest das Risiko einer Bestrafung besteht.

Betreffen
[§ 252]
★

Raumzeitliches Zusammentreffen mit einer tatunbeteiligten Person, wobei es nach h.M. genügt, dass der Tatunbeteiligte den Dieb noch nicht sinnlich wahrgenommen hat und ausgeschaltet wird, um dem Bemerken zuvorzukommen.

Betroffen
(auf frischer Tat)
[§ 127 I 1 StPO]
★

(Auf frischer Tat) Betroffen ist jemand, wenn er bei der Erfüllung des Straftatbestandes oder sofort danach am Tatort oder in dessen unmittelbarer Nähe gestellt wird.

Bettelbetrug
[§ 263]

Rückausnahme zur ⇨ bewussten Selbstschädigung, die dann den Betrug vollendet, wenn das Opfer zwar wusste, dass es mit der einseitigen Leistungshingabe sein Vermögen mindern werde, aber mit der Leistung einen wirtschaftlichen oder sozialen Zweck verfolgte, der mit der Vermögenshingabe nicht erreicht wurde. Hauptfall: Bettel- und Spendenbetrug.

Beuteerhaltungsabsicht
[§ 252]

⇨ Absicht, sich im Besitz des gestohlenen Guts zu erhalten.

Bewegliche (Sache)
[§§ 242, 246, 249]
★

Jede ⇨ Sache, die (wenn auch erst durch die Tathandlung) fortgeschafft werden kann.

Beweiserhebliche Daten
[§ 269]

Alle Informationen mit Beweisfunktion für den Rechtsverkehr, die Gegenstand eines Datenverarbeitungsvorgangs sein können und entweder bei der Tathandlung elektronisch, magnetisch oder sonst nicht unmittelbar wahrnehmbar gespeichert werden bzw. gespeichert waren.

Bewertungseinheit, tatbestandliche

Verschmelzung scheinbar mehrfacher Erfüllung desselben Tatbestandes zu nur einer einzigen Tatbestandsverwirklichung.

Bewusste Fahrlässigkeit
[§ 15]

Erscheinungsform unvorsätzlichen, aber sorgfaltswidrigen Handelns, bei dem der Täter die Tatbestandsverwirklichung als möglich vorausgesehen hat, damit aber im Gegensatz zum ⇨ Eventualvorsatz nicht einverstanden war und ernsthaft – nicht nur vage – darauf vertraut hat, der tatbestandliche Erfolg werde nicht eintreten.

Bewusste Selbstschädigung [§ 263]
Nach h.M. Ausschlussgrund für Betrug, wenn dem Opfer durch die Täuschung nicht der vermögensschädigende Charakter der Verfügung verschleiert wurde. Rückausnahme: ⇨ Zweckverfehlung.

Bruch des Gewahrsams [§§ 242, 249] ★
Aufhebung des ⇨ Gewahrsams ohne ⇨ Einverständnis des Gewahrsamsinhabers.

---

conditio-sine-qua-non-Formel ★
(Lat.) „Bedingung, ohne welche (der Erfolg) nicht (möglich) wäre." Beim ⇨ Begehungsdelikt ist jede Handlung kausal, die unabhängig von der Zahl der Zwischenursachen nicht hinweggedacht werden kann, ohne dass der konkrete Erfolg entfiele.

Dauerdelikt [z.B. § 239]
Unterfall des ⇨ Erfolgsdelikts, bei dem die tatbestandlich umschriebene Rechtsverletzung solange fortbesteht, wie der Täter willentlich eine rechtswidrige Situation aufrechterhält.

Dauergefahr [§ 34 S. 1]
Bedrohliche Situation für ein Rechtsgut oder rechtlich geschütztes Interesse, die entweder jederzeit in einen Schaden umschlagen kann und lediglich ungewiss ist, ob der Schadenseintritt noch eine Zeit lang auf sich warten lässt, oder dann, wenn der Eintritt des drohenden Schadens erst nach Ablauf einer gewissen Zeit zu erwarten

ist, aber sofortiges Handeln angezeigt ist, um ihm wirksam begegnen zu können.

Dauernde, erhebliche Entstellung
[§ 226 I Nr. 3]
★

Ästhetische Verunstaltung der Gesamterscheinung, deren Ende sich im Voraus nicht bestimmen lässt und die mindestens so schwer wie die geringsten der übrigen in § 226 genannten Folgen ist.

Defensivnotstand
[§ 228 BGB]

Sonderfall des rechtfertigenden Notstands, der sich gegen den Gefahrurheber richtet und deshalb Handlungen bis zur Grenze der Unverhältnismäßigkeit erlaubt. Gilt als Maßstab der Güterabwägung bei § 34 analog, erlaubt aber nicht die Tötung des Gefahrurhebers.

Deliktsurkunde
[§ 267]

Unterfall der ⇨ Absichtsurkunde durch ein Schriftstück, das einen Straftatbestand erfüllt.

Deskriptive Tatbestandsmerkmale
[§ 16]
★

Elemente eines strafrechtlichen Verbots, deren Schwerpunkt in der Beschreibung sinnlich wahrnehmbarer Gegenstände oder Vorgänge der realen Welt liegt.

Dichotomie
[§ 12]

Zweiteilung der Strafvorschriften des Besonderen Teils in ⇨ Vergehen und ⇨ Verbrechen.

Diebesfalle
[§ 242]

Dem Täter wird die Beute so präsentiert, dass er sie an sich nehmen soll, um ihn später wegen der Tat überführen zu können. Wegen ⇨ Einverständnisses in den Gewahrsamswechsel liegt dann nur ein Diebstahlsversuch vor.

Diensthandlung
[§§ 113 f., 331 ff.]

Jede Handlung, die in den Kreis der Pflichten gehört, die der Amtsperson übertragen sind und die von ihr in dienstlicher Eigenschaft vorgenommen wird.

Dienstliche Verwahrung
[§ 133]

Ingewahrsamnahme eines Gegenstandes durch fürsorgliche Hoheitsgewalt, um ihn für bestimmte, über das bloße Funktionsinteresse der Behörde hinausgehende Zwecke zu erhalten und vor unbefugtem Zugriff zu bewahren.

Direkter Vorsatz
[§§ 15, 16]
★

(Lat.: dolus directus II), der erfüllt ist, wenn der Täter weiß oder als sicher voraussieht, dass der tatbestandliche Erfolg verwirklicht wird. Auf ein voluntatives Element kommt es nicht an. Der Erfolgseintritt kann dem Täter auch unerwünscht sein.

(Lateinisch): ⇨ Alternativvorsatz	**dolus alternativus**
(Lateinisch): ⇨ direkter Vorsatz	**dolus directus**
(Lateinisch) ⇨ Eventualvorsatz als schwächste Vorsatzform, bei der der Täter nach h.M. die Möglichkeit des Erfolgseintritts als nicht ganz fern liegend erkannt und billigend in Kauf genommen bzw. sich damit abgefunden haben muss.	**dolus eventualis** [§§15, 16] ★
Der Vorsatz des Teilnehmers muss einerseits die Umstände umfassen, die die vorsätzliche und rechtswidrige Tat des Haupttäters ausmachen, ferner die Umstände, die die eigene Teilnahme begründen.	**Doppelter Teilnehmervorsatz** [§§ 26, 27] ★
Fallgruppe des Betruges, bei der Verfügender und Geschädigter nicht identisch sind, der Verfügende aber aufgrund rechtlicher Beziehungen oder aufgrund tatsächlicher Einwirkungsmöglichkeit in der Nähe zum geschädigten Vermögen steht.	**Dreiecksbetrug** [§ 263]
Einverständlicher Erwerb vom Vortäter im eigenem wirtschaftlichen Interesse mit der Weisung an diesen, die Sache unmittelbar einem Dritten zukommen zu lassen.	**(Einem) Dritten verschaffen** [§ 259]

Drohende Zwangsvollstreckung
[§ 288]

Die nach den Umständen begründete Erwartung, dass der Gläubiger seinen Anspruch demnächst zwangsweise durchsetzen wird. Ein Vollstreckungstitel braucht noch nicht vorzuliegen.

Drohung
[§§ 240, 249, 252, 253, 255]
★

Inaussichtstellen einer Werteinbuße, deren Eintritt vom Willen des Täters abhängig erscheint, unabhängig von seinem tatsächlichen Realisierungswillen oder der Realisierbarkeit (also auch Scheindrohung), wenn dem Opfer zur Vermeidung des Übels das vom Täter erstrebte Verhalten als Handlungsalternative vor Augen geführt wird.

Echte Wahlfeststellung

Synonym: Ungleichartige Wahlfeststellung. Der Täter hat entweder einen Tatbestand durch eine bestimmte Handlung verwirklicht oder einen anderen Tatbestand durch eine andere Handlung. Ein strafloser dritter Hergang scheidet aus. Dann ist nach inzwischen anerkannter Rspr. alternativ aus den möglicherweise verwirklichten Straftatbeständen zu verurteilen, wenn diese rechtsethisch vergleichbar (gleiche Schwere der Schuldvorwürfe und der Angriffsrichtung) und psychologisch vergleichbar sind (vergleichbare innere Beziehung zur Tatausführung).

Betrug im Zusammenhang mit der Abwicklung eines Vertrags, bei dem zwar der vertraglichen Verpflichtung ein Anspruch auf eine gleichwertige Gegenleistung gegenüberstand, bei dem aber der Anspruchsinhaber durch Täuschung zur Entgegennahme einer minderwertigen Leistung veranlasst wurde.

Echter Erfüllungsbetrug
[§ 263]

Spiegelbild zum reinen Tätigkeitsdelikt, bei dem sich der Strafvorwurf im bloßen Unterlassen einer vom Gesetz geforderten Tätigkeit erschöpft, ohne dass ein weitergehender Erfolg eingetreten sein muss.

Echtes Unterlassungsdelikt
[z.B. §§ 123 Abs. 1 Alt. 2, 138, 142 II, 323 c I]
★

Verdienter Geltungsanspruch eines Rechtsträgers, geprägt durch dessen sittliches Verhalten sowie das Fehlen elementarer Unzulänglichkeiten (normativer Ehrbegriff).

Ehre
[§§ 185 ff.]

Jede Aussageperson, die im Zeitpunkt der Aussage das 18. Lebensjahr vollendet hat.

Eidesmündig
[§ 60 Nr. 1 StPO, § 393 ZPO, § 157 II]

AB CD EF GH IJK LM NO PQ RS TU VW XYZ

Eigenhändige Delikte
[§§ 154, 315 c, 316, 323 a]
★

Straftatbestände, die nur durch höchstpersönliche körperliche Vornahme der Tathandlung täterschaftlich erfüllt werden können.

Eigentum
[§§ 242, 246, 249, 303]
★

Umfassendstes, zivilrechtlich ausgestaltetes dingliches Verfügungsrecht an einer Sache, unabhängig von deren wirtschaftlichem Wert.

Eigenverantwortlich
★

Synonym: Freiverantwortlich. Autonome Entscheidung des Rechtgutträgers für eine selbsttötende, -verletzende oder -gefährdende Handlung in Kenntnis ihrer Tragweite, wobei die Autonomie der Entscheidung nach einer Meinungsgruppe in entsprechender Anwendung der Regeln strafrechtlicher Verantwortung, nach a.A. nach den Kriterien einer defektfreien rechtfertigenden Einwilligung beurteilt wird.

Eigenverantwortliche Selbstgefährdung
[§§ 212 ff., 222, 223 ff., 229]
★

Synonym: Freiverantwortliche Selbstgefährdung. Alle vorsätzlichen und fahrlässigen Tötungs- sowie Verletzungstatbestände ausschließendes Mitwirkungsverhalten des Opfers mit Tatherrschaft über den letzten unmittelbar erfolgsursächlichen Akt aufgrund einer ⇨ eigenverantwortlichen Entscheidung.

Einbrechen
[§ 243 I 2 Nr. 1]
★

Gewaltsames Öffnen oder Erweitern des Zugangs zu einem ⇨ umschlossenen Raum. Betreten ist nicht erforderlich.

Eindringen
[§ 123 I Alt. 1]
★

Betreten, also Hineingelangen in die geschützte Sphäre mit zumindest einem Körperteil, gegen oder ohne den Willen des Hausrechtsinhabers.

Eindruckstheorie
[§§ 22 ff.]

Strafgrund des Versuchs, der darin besteht, dass der Täter durch die Betätigung seines rechtsfeindlichen Willens das Vertrauen der Allgemeinheit in die Rechtsordnung erschüttert und damit der Rechtsfrieden beeinträchtigt werden kann.

Eingehungsbetrug
[§ 263]
★

Vollendung des Betruges durch irrtumsbedingte Begründung einer vermögensnachteiligen Vertragsverpflichtung, weil bereits diese – vor dem Leistungsaustausch – einen ⇨ Gefährdungsschaden darstellt. Gegenbegriff ⇨ Erfüllungsbetrug.

Eingeschränkte Schuldtheorie
[§§ 16, 17]
★

Begrenzung der ⇨ strengen Schuldtheorie zur rechtlichen Gleichbehandlung des ⇨ Erlaubnistatbestandsirrtums mit einem ⇨ Tatbestandsirrtum.

Eingriffsinteresse
[§ 34 S. 1]

Rechtlich geschütztes Interesse, das im rechtfertigenden Notstand zugunsten des Erhaltungsinteresses durch eine tatbestandsmäßige Handlung verletzt wird.

Einsichtsunfähigkeit
[§ 20]

Unvermögen des Täters aufgrund eines biologischen Defekts, Unrechtsbewusstsein zu entwickeln.

Einsperren
[§ 239 I Alt.1]

Verhinderung des Verlassens eines – auch beweglichen – Raumes durch äußere Vorkehrungen.

Einsteigen
[§ 243 I 2 Nr. 1]
★

⇨ Eindringen in einen ⇨ umschlossenen Raum auf nicht ordnungsgemäßem Weg unter Überwindung nicht ganz unerheblicher Hindernisse oder Schwierigkeiten, die sich aus der Eigenart oder der Umfriedung des umschlossenen Raums ergeben.

Einverständnis
★

Tatbestandsausschließender Rechtsschutzverzicht bei solchen Delikten, die bereits als objektives Merkmal ein Handeln gegen den Willen des Betroffenen verlangen (z.B. § 248 b) oder die ein Tatbestandsmerkmal enthalten, das nach seiner Definition ein Handeln gegen oder ohne den Willen einer geschützten Person verlangt (z.B. wegnehmen in § 242). Soweit in dem jeweiligen Tatbestand ein vom Willen des Geschützten abhängiger, rein tatsächlicher

Umstand umschrieben ist, kommt es nur auf den tatsächlichen Willen an, nicht darauf, ob er wirksam gebildet worden ist. In den übrigen Fällen hat nur ein wirksam gebildeter Wille, wie bei einer rechtfertigenden ⇨ Einwilligung, tatbestandsausschließende Wirkung.

Einwilligung
[§ 228]
★

Rechtfertigungsgrund, der bei disponiblen Rechtsgütern einen wirksamen Rechtsschutzverzicht des Berechtigten und als subjektives Rechtfertigungselement ein Handeln in Kenntnis und aufgrund der Einwilligung verlangt.

Einwilligungsfähigkeit
★

Voraussetzung jeder wirksamen ⇨ Einwilligung. Der Einwilligende muss nach seiner geistigen und sittlichen Reife imstande sein, Bedeutung und Tragweite des gegen ihn gerichteten Eingriffs und des Verzichts auf den Schutz des Rechtsguts zu erkennen und sachgerecht zu beurteilen.

Einzeltäter

Jede natürliche Person, die den Tatbestand durch eigenes Handeln oder durch garantenpflichtwidriges Geschehenlassen eines Naturkausalverlaufs verwirklicht hat.

Empfindliches Übel
[§§ 240, 253]
★

Werteinbuße, deren Ankündigung geeignet ist, den Bedrohten zu dem vom Täter bezweckten Verhalten zu veranlassen und von der nicht erwartet werden kann, dass der Bedrohte ihr in besonnener Selbstbehauptung standhält.

Enteignung(-svorsatz)
[§§ 242, 249]
★

Zumindest ⇨ dolus eventualis, die Sache entweder überhaupt nicht oder erst nach überlangem bzw. nach übermäßigem Gebrauch oder nach Entziehung eines funktionsspezifischen Sachwerts an den Eigentümer zurückgelangen zu lassen.

Entführen
[§§ 239 a I, 239 b I]

Verbringen einer Person gegen ihren Willen an einen Ort, wo sie dem ungehemmten Einfluss des Täters preisgegeben ist.

Entlassungstheorie
[§§ 22, 25 I Alt. 2]
★

Der unmittelbare Täter setzt – auch schon vor Gefährdung des Rechtsguts – unmittelbar zur Tatbestandsverwirklichung an, wenn er aus seiner Sicht alles zur Tatbestandsverwirklichung Erforderliche getan hat und die Herrschaft über den Geschehensablauf bewusst und zwecks zeitnaher, sicherer Erfolgsherbeiführung aus der Hand gegeben hat.
Auch der mittelbare Täter setzt zum Versuch unmittelbar an, wenn er seine Einwirkung auf den Tatmittler abgeschlossen und ihn

zwecks Tatausführung aus seinem Herrschaftsbereich entlassen hat.

Schuldausschluss für rechtswidrige Taten, die der Täter unter so starkem Druck der Selbsterhaltung begangen hat, sodass ihm normgemäßes Verhalten nicht mehr zugemutet werden konnte.

Entschuldigender Notstand
[§ 35 I]

Irrige Annahme eines Sachverhalts, bei dessen Vorliegen alle Voraussetzungen eines anerkannten Entschuldigungsgrundes erfüllt wären. Nach § 35 II 1, der für alle anderen Entschuldigungsgründe entsprechend gilt, entfällt die Strafbarkeit nur, wenn der Irrtum unvermeidbar war.

Entschuldigungstatbestandsirrtum
[§ 35 II]

⇨ dauernde erhebliche Entstellung

Entstellung
[§ 226 I Nr. 3]

Beseitigung der Wohnungseigenschaft durch eine nach außen getretene Handlung, die auch in der Inbrandsetzung durch den letzten Bewohner liegen kann.

Entwidmung (Wohnung)
[§ 306 a]
★

Erfolgsdelikt ★	Vorsatz- oder Fahrlässigkeitsdelikt, das zusätzlich zur Vornahme der Tathandlung die Verursachung einer tatsächlichen Beeinträchtigung des geschützten Rechtsguts voraussetzt.
Erfolgsort [§ 9]	Der geografische Punkt, an dem der tatbestandsmäßige Erfolg eingetreten ist oder eintreten sollte.
Erfolgsqualifikation [§§ 11 II, 18] ★	Strafschärfende ⇨ Vorsatz-Fahrlässigkeits-Kombination, die einen selbstständig als Vorsatztat strafbaren ⇨ Grundtatbestand durch einen weitergehenden Erfolg (meist schwere Körperverletzung oder Tod) tatbestandlich qualifiziert. Hierfür reicht gemäß § 18 Fahrlässigkeit des Täters oder Teilnehmers hinsichtlich der schweren Folge aus. Hat ein Täter sogar Vorsatz hinsichtlich der schweren Folge („wenigstens"), so ist die Strafschärfung erst recht ausgelöst.
Erfolgsunrecht	Objektiver Widerspruch eines eingetretenen Deliktserfolges zur Rechtsordnung.
Erforderlich [§§ 32, 34] ★	Nach objektivem ex-ante-Urteil geeignete Handlung, den Angriff oder die Gefahr sofort und endgültig zu brechen. Stehen mehrere, gleich wirksame Mittel oder Einsatzmöglichkeiten eines Mittels zur Verfügung, so hat der Verteidiger das relativ mildeste Mittel zu

wählen, also dasjenige, das für den Angreifer am wenigsten gefährlich ist.

Erfüllungsbetrug
[§ 263]

Betrug im Zusammenhang mit der Abwicklung eines Vertrags. Man unterscheidet ⇨ echten Erfüllungsbetrug und ⇨ unechten Erfüllungsbetrug.

Erhaltungsinteresse
[§ 34 S. 1]

Interesse, welchem eine Gefahr droht und im Notstand durch eine tatbestandsmäßige Handlung in das Eingriffsgut geschützt werden soll.

Erlaubnisirrtum
[§ 17]
★

Der Täter hält sein Verhalten für gerechtfertigt, weil er die rechtlichen Grenzen eines anerkannten Rechtfertigungsgrundes überdehnt oder sein Verhalten einem Rechtfertigungsgrund unterstellt, den die Rechtsordnung nicht kennt.

Erlaubnistatbestandsirrtum
[§ 16]
★

Synonym: Erlaubnistatumstandsirrtum. Der Täter hält sein Verhalten für gerechtfertigt, weil er sich irrtümlich Umstände – in aller Regel Tatsachen – vorstellt, bei deren wirklichem Vorliegen alle Voraussetzungen eines anerkannten Rechtfertigungsgrundes erfüllt wären. Nach herrschender ⇨ eingeschränkter Schuldtheorie ist dann eine Bestrafung aus Vorsatztat ausgeschlossen.

Erlaubtes Risiko

Ein für einen Deliktserfolg kausales Verhalten, das aber von der Rechtsordnung ausdrücklich erlaubt oder als für die Gesellschaft nützlich toleriert wird und damit kein strafrechtlich missbilligtes Risiko schafft.

Ermöglichungsabsicht
[§§ 211 II, 306 b II Nr. 2 Alt. 1, 315 III Nr. 1 b]
★

Zielgerichteter Wille, durch die Tat die Begehung einer weiteren Straftat i.S.d. § 11 I Nr. 5 zumindest zu erleichtern. Die Bezugstat kann mit der von Ermöglichungsabsicht getragenen Tat tateinheitlich zusammenfallen, wenn für die Bezugstat noch weitere Handlungen erforderlich sind. Die Bezugstat ist aber keine „andere" Straftat mehr, wenn ihre Ausführung mit dem Absichtsdelikt vollständig deckungsgleich ist.

Ernsthaftes Bemühen
[§§ 24 I 2, 24 II, 31 II]
★

Trotz fehlender Verhinderungskausalität erlangt der Täter eines ⇨ beendeten Versuchs oder einer nach § 30 strafbaren versuchten Beteiligung Strafbefreiung, wenn er auf Erfolgsverhinderung abzielende, nicht ausschließlich anderen Zwecken dienende Maßnahmen ausschöpft, die aus seiner Sicht zur Erfolgsverhinderung ausreichend sind.

Von Einsichtsfähigkeit, Willensmangelfreiheit und innerer Festigkeit sowie Zielstrebigkeit getragene Aufforderung des späteren Opfers, getötet zu werden.

Ernstliches Tötungsverlangen
[§ 216]

Die Zwangsmittel müssen ursächlich und bei ⇨ vis compulsiva sowie ⇨ Drohung gerade in ihrer willensbeugenden Wirkung für das vermögensschädigende Opferverhalten motivierend sein.

Erpressungsspezifischer Zusammenhang
[§§ 253, 255]

(Lat.) „Irrtum über die Person (des Tatopfers) oder das (Tat-)Objekt." Verwechslung, die entweder auf einer falschen sinnlichen Wahrnehmung oder auf einem falsch zugeordneten Erkennungszeichen des Opfers beruht. Der Irrtum ist für den Vorsatz unbeachtlich, wenn das betroffene Gut nach seiner tatbestandlichen Umschreibung mit dem vorgestellten Gut übereinstimmt, sog. rechtliche Gleichwertigkeit.

error in persona vel in objecto
[§ 16]
★

Umtausch des Hehlereiobjekts in eine andere Sache. Da Hehlerei nur an unmittelbar aus der Vortat erlangten Sachen begangen werden kann, ist § 259 an solchen Ersatzsachen nicht mehr möglich, es sei denn, dass beim Erwerb der Ersatzsache eine neue Vermögensstraftat begangen worden ist. Unterfällt die ursprüngliche

Ersatzhehlerei
[§ 259]

Vortat dem Katalog des § 261, kann hinsichtlich des Ersatzgegenstandes noch Geldwäsche begangen werden.

Erscheinungsbild
[§ 303 II]

⇨ Veränderung des Erscheinungsbildes

Erschleichen
[§ 265 a I]

Beim Automatenmissbrauch (1. Mod.): Ordnungswidrige und missbräuchliche Benutzung der technischen Vorrichtung sowie Ausnutzung eines Geräteschadens. Bei der Leistung eines Telekommunikationsnetzes (2. Mod.): Missbräuchliche Einwirkung auf Vermittlungs-, Steuerungs- und Übertragungsvorgänge unter Umgehung von Gebührenerfassungs- oder Sicherungseinrichtungen. Bei Beförderungsleistung (3. Mod.) oder Zutritt (4. Mod.): Nach h.M. jedes ordnungswidrige Verhalten, bei welchem sich der Täter mit dem Anschein der Ordnungsgemäßheit umgibt, ohne dass hierfür Täuschungshandlungen oder das Umgehen vorhandener Kontrolleinrichtungen erforderlich wären.

Euthanasie
[§§ 212, 216]

Aus dem griechischen „eu" (gut, leicht) und „thanatos" (Tod). Als aktive und gezielte Lebensverkürzung strafrechtlich verboten. Sogar die aktive Fremdtötung auf Bitten des Opfers selbst ist nach

§ 216 strafbar. Einschränkungen gelten für begrenzte Formen der ⇨ Sterbehilfe und des ⇨ Behandlungsabbruchs.

Eventualvorsatz
[§§ 15, 16]

⇨ dolus eventualis

Evident ungefährliches Tatmittel
[§§ 244 I Nr. 1 b, 250 I Nr. 1 b]

Gegenstand, den der Täter bei sich führt, um ihn als Drohungsmittel einzusetzen, der für einen Beobachter aber schon nach dem äußeren Erscheinungsbild offenkundig und zweifelsfrei ungefährlich ist, sodass eine Strafschärfung hierdurch nicht ausgelöst wird.

Extensiver Notwehrexzess
[§ 17]
★

Ein die Notwehrlage begründender Angriff war noch nicht oder nicht mehr ⇨ gegenwärtig, aber der Täter nahm aus Verwirrung, Furcht oder Schrecken einen gegenwärtigen Angriff an und nahm zudem eine Verteidigungshandlung vor, die sich nicht mehr im Rahmen des Erforderlichen oder Gebotenen gehalten hätte, wenn tatsächlich ein Angriff vorgelegen hätte. Nach h.M. gilt in diesen Fällen § 33 nicht, auch nicht analog. Ein Teil des Schrifttums will allenfalls affektbegründete Notwehrhandlungen nach Beendigung der Angriffslage über § 33 entschuldigen, sog. nachzeitiger extensiver Notwehrexzess. Nach h.M. ist der Fall über die allgemeinen Regeln als ⇨ Erlaubnistatbestandsirrtum zu lösen.

Exzess
[§§ 16, 25–27]
★

Handlungen eines Tatbeteiligten, die außerhalb des gemeinsamen Tatplans gelegen haben und nach Art und Gefährlichkeit auch nicht mit anderen, tatplangemäßen Handlungen vergleichbar sind. Folge: Keine Vorsatzstrafbarkeit hieraus für die übrigen Beteiligten.

Fahrlässiges Begehungsdelikt
[§ 15]
★

Deliktstyp, der voraussetzt, dass der Täter bei einer Handlung einen objektiven und ihm persönlich vorwerfbaren Fehler begangen hat. Beim fahrlässigen ⇨ Erfolgsdelikt muss er in innerem Zusammenhang mit dem pflichtwidrigen Verhalten unvorsätzlich, aber vermeidbar den Erfolg verursacht haben. Beim fahrlässigen Tätigkeitsdelikt liegt der Vorwurf allein in der Enttäuschung einer für den Täter rechtsverbindlichen Verhaltenserwartung.

Fahrlässiges Unterlassungsdelikt
[§§ 13, 15]
★

Fahrlässigkeitstat, bei der der Täter entgegen seiner ⇨ Garantenpflicht in einen zum Taterfolg führenden Ablauf nicht eingegriffen und sich zumindest in Bezug auf einen der unrechtsbegründenden Umstände sorgfaltswidrig verhalten hat.

Fahrlässigkeit
[§ 15]
★

Unrechtskern des ⇨ fahrlässigen Begehungsdelikts; nach umstr. Ansicht rechtliches aliud zum ⇨ Vorsatz: Auf der ersten Stufe (im Tatbestand) wird ermittelt, ob das fragliche Verhalten den Anforderungen entsprochen hätte, die ein besonnener und gewissenhafter Mensch in der Situation des Handelnden erfüllt hätte, wobei Sonderwissen des fraglichen Täters den Maßstab anhebt. Auf der zweiten Stufe (in der Fahrlässigkeitsschuld) wird gefragt, ob auch der individuelle Täter nach seinen Fähigkeiten und Kenntnissen in der Lage war, die Verhaltenserwartungen zu erfüllen.

Fahrlässigkeitsdelikt
[§ 15]

Eigenständiger Deliktstyp, der im Tatbestand objektive und in der Schuld subjektive ⇨ Fahrlässigkeit verlangt, die nur dann unter Strafe gestellt ist, wenn es der Gesetzgeber ausdrücklich angeordnet hat.

Fahruntüchtigkeit
[§§ 315 c, 316]

Durch Konsum alkoholischer Getränke oder anderer berauschender Mittel bewirkte Unfähigkeit, ein Fahrzeug sicher zu führen. Man unterscheidet ⇨ absolute Fahruntüchtigkeit und ⇨ relative Fahruntüchtigkeit.

Fahrzeug
[§§ 315 c, 316]

Alle Fortbewegungsmittel i.S.d. Straßenverkehrsrechts, unabhängig von einem Motorantrieb, es sei denn, sie sind nach § 24 StVO ausgeschlossen.

Falsche Aussage
[§§ 153 ff.]

Nach herrschender objektiver Theorie jede ⇨ Aussage, die mit der objektiven Sachlage (auch wenn diese innere Tatsachen betrifft) nicht übereinstimmt.

Falschbeurkundung
[§§ 271, 348]

Eintragung einer unrichtigen Tatsache in eine ⇨ öffentliche Urkunde oder öffentliche Datei, deren erhöhte Beweiskraft sich gerade auf diese unrichtige Tatsache bezieht.

Falscher Schlüssel
[§ 243 I 2 Nr. 1]
★

Öffnungswerkzeug für ein Schloss, das der Berechtigte überhaupt nicht, nicht mehr oder noch nicht als Zubehör zum Schloss gewidmet hat.

Falsches Fahren beim Überholen
[§ 315 c II Nr. 2 d]

Jeder Verstoß gegen § 5 StVO sowie jeder sonstige Verkehrsverstoß, der das ⇨ Überholen gefährlicher macht, sodass ein innerer Zusammenhang zwischen dem Verkehrsverstoß und der spezifischen Gefahrenlage des Überholens entsteht.

Fehlgeschlagener Versuch
[§ 24]
★

Ausschlussgrund für strafbefreienden Rücktritt. Der Täter erkennt oder nimmt an, dass er seinen Tatplan entweder überhaupt nicht oder nur noch mit einer zeitlichen Verzögerung (Zäsur) oder nur noch durch eine grundlegende Änderung seines Tatplans verwirklichen kann.

Festnahmeabsicht
[§ 127 I 1 StPO]

Kenntnis der die Festnahme begründenden Umstände und zielgerichteter Wille, den Festgenommenen den Strafverfolgungsorganen zuzuführen.

Festnahmehandlung
[§ 127 I 1 StPO]

Mittel, die zur Erreichung der Ingewahrsamnahme erforderlich sind, also Freiheitsberaubung und Nötigung sowie die unmittelbar dazu erforderliche Gewalt und Beeinträchtigung des körperlichen Wohlbefindens.

Feststellungsbereite Person
[§ 142 I]

Jede Person, die zur Feststellung der Unfallbeteiligung fähig ist und die entweder als Unfallbeteiligter oder Geschädigter selbst Feststellungsinteressent ist oder die sich bereit gezeigt hat, zugunsten der anderen Feststellungsinteressenten die Feststellungen zu treffen und weiterzugeben.

Finalzusammenhang
[§§ 249, 253, 255]

In Ergänzung zum objektiven ⇨ raubspezifischen Zusammenhang und zum objektiven ⇨ erpressungsspezifischen Zusammenhang subjektive Verknüpfung der Raubmittel und der Wegnahme bzw. der vermögensschädigenden Opferhandlung. Der Täter muss schon im Zeitpunkt der Nötigungshandlung den Vorsatz für die Raub- / Erpressungstat besitzen und die Nötigung als Mittel der Gewahrsamserlangung / Vermögensschädigung einsetzen wollen.

Dieser Zusammenhang fehlt, wenn die Nötigungshandlung lediglich Begleiterscheinung der Wegnahme / des vermögensschädigenden Opferverhaltens ist oder wenn diese der Nötigungshandlung ohne innere Verknüpfung nur zeitlich nachfolgt. Ausnahmsweise kann aber eine vorher zu anderen Zwecken verübte Gewalt zum Anlass einer schlüssigen Drohung weiterer Gewaltanwendung gemacht werden, ferner kann die Nichtbeseitigung einer fortwirkenden Gewaltanwendung (z.B. durch Fesselung) im Finalzusammenhang zu einem nachträglich gefassten Wegnahme- bzw. Schädigungsentschluss stehen (dann: Raub bzw. räuberische Erpressung durch Unterlassen).

Fluchtverdacht
[§ 127 I 1 StPO]

Nach den Umständen und der Lebenserfahrung begründete Annahme, der Berechtigte werde sich der Strafverfolgung durch Flucht entziehen.

Fordern
[§§ 299 I, 331, 332]

Einseitiges Verlangen.

Fördern
[§ 27]
★

Jede Handlung oder garantenpflichtwidrige Unterlassung, die physisch oder psychisch die Herbeiführung des Taterfolges durch den Haupttäter objektiv fördert oder erleichtert; dass sie für den

Eintritt dieses Erfolges in seinem konkreten Gepräge in irgendeiner Weise kausal wird, ist nicht erforderlich.

Herrschende Theorie zum Strafgrund der Teilnahme, der darin besteht, dass der Teilnehmer durch seine Mitwirkungs- oder Unterstützungshandlung vorsätzlich einen eigenen Rechtsgutangriff begeht, der aber in seiner Wirksamkeit von der Haupttat abhängig ist.

Förderungstheorie
[§§ 26, 27]

Form der ⇨ Gesetzeskonkurrenz im Fall von ⇨ Handlungseinheit, bei der im jeweiligen Straftatbestand gesetzlich vorgeschrieben ist, dass dieser entweder gegenüber bestimmten anderen oder allen anderen Delikten mit schwererer Strafe zurücktritt und nur bei Nichtbestrafung aus der vorrangigen Strafnorm zur Anwendung kommt.

Formelle Subsidiarität
★

Jede Aufhebung der physischen Möglichkeit, auch bei nur potenziellem Willen einen bestimmten Ort zu verlassen.

Freiheitsberaubung (in sonstiger Weise)
[§ 239 I Alt. 2]

Freiwillig
[§ 24]
★

Motivation zum Rücktritt aus autonomen Gründen, unabhängig von ihrer sittlichen Bewertung.

Fremd
[§§ 242, 246, 249, 259, 303]
★

⇨ Sache, die im (Allein-, Mit-, Gesamthands-)Eigentum einer vom Täter verschiedenen Person steht (was ausgeschlossen ist, wenn die Sache nicht eigentumsfähig oder herrenlos ist oder im Alleineigentum des Täters steht).

Frische Tat
[§ 252, § 127 I 1 StPO]
★

Eine ⇨ Tat, solange sie begangen wird oder solange nach Tatbegehung ein unmittelbarer räumlicher und zeitlicher Zusammenhang besteht.

Führen (einer Bezeichnung)
[§ 132 a]

Inanspruchnahme der Bezeichnung durch aktive Äußerung gegenüber der Umgebung in der Weise, dass dadurch die Interessen der Allgemeinheit berührt werden.

Führen (eines Fahrzeuges)
[§§ 315 c, 316]
★

Eigenhändiges Inbewegungsetzen und -halten eines Fahrzeugs unter bestimmungsgemäßer Anwendung seiner Antriebskräfte und ganz oder zum Teil Lenken eines Fahrzeugs unter Handhabung seiner technischen Vorrichtung während der Fahrbewegung.

Führer eines Kraftfahrzeugs
[§ 316 a]
★

Jede Person, die das Kraftfahrzeug in Bewegung zu setzen beginnt, es in Bewegung hält oder bei einem Halt noch mit dem Betrieb des Fahrzeugs bzw. mit der Bewältigung von Verkehrsvorgängen beschäftigt ist.

Funktionelle Tatherrschaft
[§ 25 II]
★

Wertungskriterium der h.Lit. zur Abgrenzung des ⇨ Mittäters vom ⇨ Teilnehmer. Maßgeblich ist, ob die erbrachten Tatbeiträge ein so erhebliches Gewicht haben, dass die fragliche Person im arbeitsteiligen Zusammenwirken den tatbestandsmäßigen Geschehensablauf vorsätzlich mitgestaltet.

Funktionsspezifischer Sachwert
[§§ 242, 246, 249]
★

Die typische wirtschaftliche Funktion, der Gebrauchsnutzen einer Sache (⇨ lucrum ex re). Nach h.M. ausnahmsweise auch die dafür erstrebte Gegenleistung (⇨ lucrum ex negotio cum re), wenn die Sache unter Leugnung fremden Eigentums an den Eigentümer zurückgegeben werden soll.

Furcht
[§ 33]

Gesteigerte Form der Angst als ein das Denken und Wollen beherrschendes Gefühl, einer ernsthaften Bedrohung (nicht notwendig Lebensgefahr) ausgesetzt zu sein.

---

furtum usus [§§ 242, 248 b]

(Lat.) „Entwendung des Gebrauchs" ⇨ Gebrauchsanmaßung.

Ganz vereiteln [§§ 258, 258 a]

Verhindern der Bestrafung oder Verhängung einer Maßnahme zumindest für geraume Zeit, also mehr als 1 Woche.

Garantenpflicht [§ 13] ★

Aus der ⇨ Garantenstellung folgendes Gebot zur Verhinderung eines strafrechtlichen Erfolges.

Garantenstellung [§ 13] ★

Tatbestandsmerkmal aller ⇨ unechten Unterlassungsdelikte. Umstand, aus dem sich die rechtliche Pflicht zur Abwendung eines deliktischen Erfolgs ergibt.

Garantiefunktion [Art. 103 II GG; § 1, 2 I] ★

Verfassungsrechtliches Fundamentalprinzip des Strafrechts, wonach eine Tat nur bestraft werden kann, wenn die Strafbarkeit gesetzlich bestimmt war, bevor die Tat begangen wurde. Dem Bürger sollen die Grenzen straffreien Tuns klar vor Augen geführt werden, damit er sein Verhalten daran ausrichten kann. Er muss wissen, welche Handlungen verboten sind und mit welchen Sanktionen er bei einer Rechtsverletzung zu rechnen hat. Er soll darauf vertrauen dürfen, dass er bei rechtskonformem Verhalten nicht mit Strafsanktionen rechnen muss.

Gebäude
[§§ 243 I 2 Nr. 1, 306 Nr. 1, 306 a I Nr. 1]
★

Durch Wände und Dach begrenztes, mit dem Erdboden fest – wenn auch nur durch die eigene Schwere – verbundenes Bauwerk, das den Eintritt von Menschen gestattet und das Unbefugte abhalten soll.

Gebotenheit
[§ 32]
★

Fallgruppen rechtsethischer Einschränkung einer an sich ⇨ erforderlichen ⇨ Verteidigung. Bei ⇨ Absichtsprovokation ist Notwehr vollständig ausgeschlossen, ebenso bei krassem Missverhältnis zwischen verteidigtem und durch Notwehrhandlung beeinträchtigtem Rechtsgut. Bei unabsichtlicher, aber vorwerfbar herbeigeführter Notwehrlage, ist Notwehr abhängig vom Grad der Provokation und dem Grad des drohenden Übels durch den Angriff beschränkt; bei Bagatellangriffen darf nur proportionale Verteidigung geübt werden; bei Angriffen schuldlos Handelnder kann vom Angegriffenen situationsabhängig zunächst ein Ausweichen, dann Schutzwehr und erst danach Trutzwehr verlangt werden.

Gebrauchen (eines Informationsträgers) [§§ 267 I Mod. 3, 268 I Nr. 2, 269 I Mod. 3]	Zugänglichmachen der ⇨ Urkunde, ⇨ technischen Aufzeichnung, ⇨ Daten gegenüber demjenigen, der durch sie getäuscht werden soll, und zwar in der Weise, dass dieser sie wahrnehmen kann.
Gebrauchsanmaßung [§§ 248 b, 290]	Nur ausnahmsweise unter Strafe gestellte ⇨ Aneignung ohne ⇨ Enteignung des Eigentümers.
Gefahr für Leib oder Leben [§§ 249, 252, 255]	Drohende erhebliche Beeinträchtigung der körperlichen Integrität oder Tötung.
Gefahr [§ 34 S. 1] ★	Tatsächlich gegebene Umstände aufgrund derer aus der Sicht eines objektiven Beobachters, sog. ex ante-Prognose, ein Schaden wahrscheinlich ist. Zum Eintritt eines Schadens muss es nicht gekommen sein.
Gefahrabwendungswille [§ 34 S. 1] ★	Synonym: Notstandswille. Der Täter muss die den Notstand begründende Gefahrenlage erkannt und zum Zwecke ihrer Abwendung gehandelt haben.

Gefährdungsdelikt
[§§ 306 a II, 315 b, 315 c, d, 316]

Deliktstyp der Vorsatz- oder Fahrlässigkeitstat, der, anders als das ⇨ Erfolgsdelikt, keinen Rechtsgutschaden voraussetzt. Man unterscheidet ⇨ abstrakte Gefährdungsdelikte und ⇨ konkrete Gefährdungsdelikte.

Gefährdungsformel
[§ 22]
★

Um zu einem Versuch „unmittelbar" anzusetzen, muss der Täter subjektiv die Schwelle zum „Jetzt geht es los" überschritten haben und objektiv zur tatbestandsmäßigen Angriffshandlung angesetzt haben, sodass sein Tun ohne wesentliche Zwischenakte, d.h. ohne einen weiteren Willensimpuls, in die Erfüllung des Tatbestandes übergehen kann.

Gefährdungsschaden
[§§ 253, 255, 263, 266]
★

Eine die Tatvollendung begründende Gefährdung des Vermögens, die so konkret ist, dass bei wirtschaftlicher Betrachtung bereits eine Entwertung anzunehmen ist, ohne dass noch ein Realschaden erforderlich ist.

Gefährliches Werkzeug
[§§ 224 I Nr. 2, 250 Abs. 2 Nr. 1]
★

Jede bewegliche Sache, die kein Körperteil ist und nach ihrer objektiven Beschaffenheit und nach der tatsächlichen Verwendung geeignet ist, beim Einsatz gegen Menschen durch unmittelbare Wirkung von außen auf den Körper, erhebliche Verletzungen herbeizuführen.

Gefährliches Werkzeug
[§§ 244 I Nr. 1 a,
250 I Nr. 1 a Alt. 2,
113 Abs. 2 S. 2 Nr. 1]
★

Nach objektiv-abstrakter Betrachtung, der sich der BGH für Gebrauchsmesser mit längerer Klinge angeschlossen hat, jeder Gegenstand, der nach seiner generellen Beschaffenheit geeignet ist, anderen erhebliche Körperverletzungen zuzufügen. Nach objektiv-konkreter Betrachtung nur dann, wenn der Täter den Gegenstand nach den Tatumständen (zusätzlich) als „Waffenersatz“ bei sich geführt hat. Nach subjektivierender Ansicht muss der Täter zusätzlich zumindest den Vorbehalt gehabt haben, „notfalls“ den Gegenstand als Gewalt- oder Drohungsmittel einzusetzen.

Gegenwärtig (Angriff/Gefahr)
[§§ 32, 34, 35]
★

Eine Rechtsgutbedrohung, die unmittelbar bevorsteht, gerade stattfindet oder noch fortdauert. Gegenwärtig ist auch die Dauergefahr. Diese liegt vor, wenn entweder die gefährliche Situation jederzeit in einen Schaden umschlagen kann und lediglich ungewiss ist, ob der Schadenseintritt noch eine Zeit lang auf sich warten lässt, oder wenn der Eintritt des drohenden Schadens erst nach Ablauf einer gewissen Zeit zu erwarten ist, aber sofortiges Handeln angezeigt ist, um ihm wirksam begegnen zu können.

Gegenwärtige Gefahr (für Leib und Leben)
[§§ 249, 252, 255]

Bei natürlicher Weiterentwicklung der Dinge ist der Eintritt des Schadens sicher oder höchstwahrscheinlich, falls nicht alsbald Abwehrmaßnahmen ergriffen werden.

Geheimnis
[§ 203]

Jede Tatsache, die nur einem beschränkten Personenkreis bekannt ist und an deren Geheimhaltung derjenige, den sie betrifft, ein von seinem Standpunkt sachlich begründetes Interesse hat.

Gehilfe
[§ 27]

Teilnehmer einer vorsätzlichen rechtswidrigen Haupttat durch ⇨ Beihilfe.

Geistigkeitstheorie
[§ 267]

Erklärungsmodell zur Bestimmung einer ⇨ unechten Urkunde. Aussteller ist danach derjenige, der geistig hinter der Erklärung steht, weil er sie tatsächlich als seine Erklärung gelten lässt und weil sie ihm auch rechtlich als eigene zurechenbar ist. Nicht entscheidend ist, wer die Urkunde körperlich hergestellt hat.

Gemeindelikt

⇨ Allgemeindelikt

Gemeingefährliches Mittel
[§ 211 II]
★

Tötungsmittel, dessen Wirkung auf Leib oder Leben mehrerer oder vieler Menschen der Täter nicht beherrscht, weil er die Ausdehnung der Gefahr beim konkreten Einsatz nicht in der Gewalt hat.

Gemeinschaftlich
[§§ 113 Abs. 2 S. 2 Nr. 3, 224 I Nr. 4, 292 Abs. 2 S. 2 Nr. 3]
★

Gefahrerhöhendes Zusammenwirken von mindestens zwei, nicht notwendig mittäterschaftlich handelnden Personen am Tatort.

Geringwertige Sache
[§§ 243 II, 248 a]
★

Jede ⇨ Sache, die einen Verkehrswert bis zu einer Obergrenze von 25 € besitzt.

Gesamtbetrachtungslehre
[§ 24]
★

Zusammenfassung mehrerer Handlungsakte zu einem einheitlichen Versuch, wenn verwirklichte und die aus Tätersicht noch möglichen Akte durch den aufrechterhaltenen Deliktswillen verbunden sind und zwischen ihnen ein räumlicher und zeitlicher Zusammenhang i.S.e. ⇨ natürlichen Handlungseinheit besteht. Hier entscheidet die letzte Vorstellung des Täters vor dem Nichtweiterhandeln, der sog. Rücktrittshorizont, ob ein ⇨ fehlgeschlagener, ⇨ unbeendeter oder ⇨ beendeter Versuch vorliegt.

Gesamtlösung
[§§ 22, 25 II]
★

Bei Mittätern beginnt der Versuch für alle gleichzeitig, wenn auch nur einer von ihnen eine zum Gesamtplan gehörende Handlung vornimmt und damit aus der Sicht der Mittäter ohne weitere Zwischenakte das Rechtsgut konkret gefährdet.

Gesamturkunde
[§§ 267, 274]

Sonderform der Urkunde, die dadurch entsteht, dass einzelne Gedankenerklärungen hinreichend fest zusammengefügt werden und ein einheitliches Ganzes bilden, das eine neue, über den Inhalt der Einzelteile hinausgehende Vollständigkeits- oder Abgeschlossenheitserklärung erhält.

Gesetzeseinheit

⇨ Gesetzeskonkurrenz

Geschäftsmäßig
[§ 217]

Absicht, die dauernde und wiederholte Betätigung zu einem Bestandteil der eigenen Tätigkeit zu machen, unabhängig von einer Gewinnerzielungsabsicht und unabhängig von einem Zusammenhang mit wirtschaftlicher oder beruflicher Tätigkeit.

Gesetzeskonkurrenz
[§§ 52, 53]
★

(Synonym: Gesetzeseinheit) Ein dem Wortlaut nach verwirklichtes Delikt wird durch einen anderen in Handlungseinheit oder Handlungsmehrheit verwirklichten Straftatbestand als nachrangig verdrängt. Das zurücktretende Delikt darf dann weder im Schuldspruch noch in der Strafzumessung Berücksichtigung finden.

Gesetzesvorbehalt
[Art 103 Abs. 1 GG, §§ 1, 2 I]
★

Aus dem Gesetzlichkeitsprinzip abgeleitetes Fundamentalprinzip des Strafrechts: Strafbarkeit und Strafe hat allein der Gesetzgeber durch förmliches Gesetz (Art. 104 I GG) festzulegen. Daraus folgt ist das Verbot täterbelastenden Gewohnheitsrechts und täterbelastender Analogie im Strafrecht.

Gesetzlichkeitsprinzip

⇨ Garantiefunktion

Gesundheitsschädigung
[§ 223 I Alt. 2]
★

Jedes Hervorrufen oder Steigern eines nicht unerheblichen krankhaften Zustandes.

Gewähren (eines Vorteils)
[§§ 299 II, 333 f.]

Tatsächliche Zuwendung eines ⇨ Vorteils.

Gewahrsam
[§§ 242, 249]
★

Das von einem, wenn auch generellen Herrschaftswillen getragene tatsächliche Herrschaftsverhältnis einer Person über eine Sache unter Berücksichtigung der Verkehrsauffassung.

Gewahrsamsenklave
[§ 242]
★

Herrschaftsbeziehung über alle leicht transportablen Sachen, die jemand am Körper oder in mitgeführten Taschen trägt oder dorthin verbracht hat, auch wenn er sich in fremder Gewahrsamssphäre befindet.

Gewahrsamslockerung
[§§ 242, 263]
★

Noch nicht tatbestandsmäßige Vorstufe der Gewahrsamsverschiebung, weil das Opfer nach der Verkehrsanschauung immer noch Mitgewahrsam innehat.

Gewalt
[§ 240]
★

Jede nicht notwendig erhebliche Kraftentfaltung, durch die physischer oder psychischer Zwang entsteht, den das Opfer als körperlichen Zwang empfindet.

Gewalt gegen eine Person
[§§ 249, 252, 255]
★

Physische Zufügung eines nicht notwendig erheblichen Übels, das auf den Körper des Genötigten wirkt und geleisteten oder erwarteten Widerstand verhindern oder erschweren soll.

Gewerbsmäßig [§§ 243 I 2 Nr. 3, 260 I Nr. 1, 261, 263 III 2 Nr. 1] ★	Absicht, sich – und nicht nur einem Dritten – aus dem Tatgegenstand und aus der wiederholten Begehung bestimmter Straftaten eine Einnahmequelle von gewisser Dauer und Erheblichkeit zu schaffen, unabhängig davon, ob diese Absicht realisiert werden konnte.
Gift [§ 224 I Nr. 1]	Jede anorganische oder organische Substanz, die unter bestimmten Bedingungen chemisch oder chemisch-physikalisch die Gesundheit zu beeinträchtigen vermag.
Gleichartige Tateinheit	⇨ Tateinheit
Gleichartige Tatmehrheit	⇨ Tatmehrheit
Gleichstellungsklausel [§ 13 I]	Strafrechtliche Wertgleichheit zwischen aktivem Tun und garantenpflichtwidrigem Unterlassen, die nur bei ⇨ verhaltensbezogenen Delikten durch Unterlassen zu prüfen ist.
Glied	⇨ wichtiges Glied

Zufügung besonders starker Schmerzen oder körperlicher oder seelischer Qualen aus gefühlloser, unbarmherziger Gesinnung.

Grausam
[§ 211 II]
★

Besonders schwerer Verstoß gegen die Verkehrsvorschriften.

Grob verkehrswidrig
[§ 315 c]
★

Strafgesetz, das innerhalb einer Gruppe verwandter Tatbestände als strafrechtliche Ausgangsnorm die Mindestvoraussetzungen beschreibt, die dem Delikt sein typisches Gepräge geben.

Grundtatbestand
[z.B. §§ 223, 242, 249, 306]
★

Bewertung, ob das geschützte Interesse, also dasjenige, dem die Gefahr drohte (Erhaltungsinteresse), das beeinträchtigte Rechtsgut, also dasjenige, das durch die tatbestandsmäßige Handlung verletzt wurde (Eingriffsgut), wesentlich überwiegt.

Güterabwägung
[§ 34 S. 1]
★

Tötungsmotiv zur Erlangung eines auch nur geringen wirtschaftlichen Vorteils oder zur Vermeidung wirtschaftlicher Nachteile. Nach der Rspr. muss die Tat darüber hinaus Ausdruck eines übersteigerten und abstoßenden Gewinnstrebens sein.

Habgier
[§ 211 II]
★

Handlung ★	Jedes äußerlich erkennbar gewordene Tun oder Unterlassen eines Menschen, das vom Willen beherrscht ist. Umstritten ist, ob darüber hinaus Zielgerichtetheit oder zumindest Sozialerheblichkeit zu verlangen ist.
Handlung im natürlichen Sinne [§ 52] ★	Willensbetätigung, die auf einem Handlungsentschluss beruht.
Handlungseinheit [§ 52] ★	Vorbedingung für ⇨ Tateinheit, die erfüllt ist, wenn sich die Ausführungshandlungen verschiedener Straftaten zumindest teilweise überschneiden.
Handlungsmehrheit [§ 53] ★	Vorbedingung für ⇨ Tatmehrheit, die gegeben ist, wenn sich verschiedene Straftaten in ihren Ausführungshandlungen nicht überschneiden.
Handlungsort [§ 9]	Die geografische Stelle, an der die tatbestandsmäßige Tätigkeit (bzw. bei Unterlassungen: Untätigkeit) entfaltet wurde.

Auflehnung gegen die Rechtsordnung durch Vornahme einer aus Tätersicht nicht gerechtfertigten tatbestandlichen Handlung.

Handlungsunrecht

Alle tatsächlichen Wohn- und Haushaltsgemeinschaften, die auf dem freien Entschluss beruhen, für eine gewisse Dauer zusammenzuleben und die mit dem Eintritt in die Gemeinschaft verbundenen Verpflichtungen zu übernehmen.

Häusliche Gemeinschaft
[§ 247]

Ausnutzung der auf ⇨ Arglosigkeit beruhenden ⇨ Wehrlosigkeit des Opfers bei Versuchsbeginn der Tötung in feindlicher Willensrichtung.

Heimtückisch
[§ 211 II]
★

Ein Gegenstand stammt entweder unmittelbar aus der Vortat oder ist Ersatzgegenstand, in den der wirtschaftliche Wert des Ursprungsgegenstandes mehr als unerheblich eingegangen ist.

Herrühren (eines Gegenstandes)
[§ 261]

Jedes Verhalten, das objektiv geeignet ist, den Vortäter hinsichtlich der erlangten Tatvorteile günstiger zu stellen, ohne dass diese Besserstellung tatsächlich eingetreten sein muss.

Hilfeleisten
[§ 257]

(Unterlassene) Hilfeleistung [§ 323 c I]	Jede Tätigkeit, die auf Abwehr weiterer Schäden gerichtet ist.
Hilflose Lage [§ 221 I]	Situation, in der das Opfer der abstrakten Gefahr des Todes oder einer schweren Körperverletzung ausgesetzt ist, ohne die Möglichkeit eigener oder fremder Hilfe zu besitzen.
Hinterlistiger Überfall [§ 224 I Nr. 3] ★	Überfall ist jeder Angriff, mit dem das Opfer nicht rechnet und auf den es sich deshalb nicht vorbereiten kann. Hinterlist liegt vor, wenn der Täter planmäßig in einer auf Verdeckung seiner wahren Absicht berechnenden Weise vorgeht, um dadurch dem Gegner die Abwehr zu erschweren.
Höchstpersönliche Rechtsgüter [z.B. §§ 185 ff., 201 ff., 211 ff., 223 ff., 239, 240] ★	Jedes ⇨ Rechtsgut, das untrennbar mit einem Rechtsträger verbunden ist, sodass es nicht übertragen werden kann und im Regelfall erlischt, wenn der Rechtsträger aufhört zu existieren.

Hypothetische Einwilligung ★

Fiktion wirksamer Einwilligung trotz Willensmangels (in den entschiedenen Fällen: Aufklärungsmangel bei einem ärztlichen Eingriff), wenn ohne den Mangel eine im Übrigen wirksame Einwilligung vom Rechtsgutträger erklärt worden wäre.

Idealkonkurrenz

⇨ Tateinheit

Identität nicht sofort feststellbar [§ 127 I 1 StPO]

Der Name des Betroffenen ist nicht bekannt und Angaben zur Person werden verweigert oder sind nicht nachprüfbar.

Identitätsirrtum [§ 16]

⇨ error in persona vel in objecto

Identitätstäuschung [§ 267]

⇨ unechte Urkunde

Im Stich lassen [§ 221 I Nr. 2]

Jedes Verhalten, durch das der Täter die Beseitigung einer bereits vorhandenen ⇨ hilflosen Lage unterlässt, obwohl ihm dies tatsächlich möglich und ⇨ zumutbar ist.

AB CD EF GH IJK LM NO PQ RS TU VW XYZ

in dubio pro reo (iudicandum est)
★

(Lat.) „Im Zweifel (ist) zugunsten des Angeklagten (zu urteilen)." Fundamentalprinzip des Strafrechts, wonach straflos ist, wessen Schuld nicht zweifelsfrei feststeht und wer daher möglicherweise unschuldig ist. Der Zweifelssatz gilt für alle Tatsachen, die eine für den Schuldspruch bedeutsame Voraussetzung betreffen.

Inadäquanz
★

Kausalverlauf oder Schaden, der so sehr außerhalb aller Erfahrung liegt, dass mit ihm vernünftigerweise nicht gerechnet zu werden brauchte. Bei der Vorsatztat entfällt mit der Lit. mangels Risikozusammenhangs die ⇨ objektive Zurechnung, während die Rspr. die ⇨ subjektive Zurechenbarkeit verneint. Bei der Fahrlässigkeitstat entfällt bei Inadäquanz des Kausalverlaufs oder Schadens schon die objektive Vorhersehbarkeit und damit die Sorgfaltswidrigkeit.

Inbrandsetzen
[§§ 306 ff.]
★

Handlung, durch die eine Sache oder ein zumindest nicht völlig unwesentlicher Bestandteil derselben so vom Feuer ergriffen ist, dass sie auch nach Entfernen oder Erlöschen des Zündstoffs selbstständig weiterbrennen kann.

Indirekte Sterbehilfe
[§§ 212, 216]

Unterfall des gerechtfertigten ⇨ Behandlungsabbruchs: Schmerzlinderung beim Sterbenden mit der unbeabsichtigten und unvermeidbaren Nebenfolge einer Lebensverkürzung, sofern die Maßnahme dem nach den §§ 1901 a ff. BGB zu ermittelnden tatsächlichen oder mutmaßlichen Willen entspricht.

Ingebrauchnehmen (eines Fahrzeugs)
[§ 248 b]

Beherrschung eines Fahrzeugs bzw. Benutzung als Fortbewegungsmittel unter Einwirkung der zur Ingangsetzung und Ingang-haltung geeigneten Kräfte, nicht notwendig des technischen Antriebs.

Ingerenz
[§ 13]
★

Fallgruppe des ⇨ Überwachungsgaranten. Wer durch seine frühere, das Maß des Erlaubten überschreitende Handlung oder durch sein früheres Unterlassen eine besondere Gefahr für den Eintritt schädlicher Erfolge geschaffen hat, ist verpflichtet, die hieraus drohenden Schäden zu verhindern.

Inlandsbeschränkung (tatbestands-immanente)
[§§ 3 ff.]

Vorfrage der Anwendbarkeit deutschen Strafrechts bei Auslandstaten, die dann zu verneinen ist, wenn der infrage kommende deutsche Straftatbestand nur Rechtsgüter des Inlands erfasst, z.B. die Staatsschutztatbestände der §§ 80 ff., die Angriffe gegen ausländische Staatstätigkeit grds. nicht betreffen.

Inneneingriff [§ 315 b] ★	⇨ Pervertierter Verkehrsvorgang
Irrtum [§§ 16, 263] ★	Jede Fehlvorstellung über ⇨ Tatsachen, entweder in der Form der irrigen Annahme einer tatsächlich nicht vorhandenen Tatsache oder der Unkenntnis einer tatsächlich vorhandenen Tatsache.
Iterative Tatbestandserfüllung	Erscheinungsform ⇨ tatbestandlicher Bewertungseinheit durch wiederholte Vornahme derselben Tathandlung.
Juristisch-ökonomischer Vermögensbegriff	⇨ Vermögen
Kausalabweichung	⇨ Unwesentliche Kausalabweichung
Kausalität ★	Verursachung des Taterfolgs durch die Tathandlung. Kausalität wird ermittelt nach der ⇨ conditio-sine-qua-non-Formel.

Kausalität (bei Unterlassungstaten)
[§ 13]
★

Synonym: Quasi-Kausalität. Da Untätigkeit keine tatsächliche Umweltveränderung herbeiführen kann, kann Unterlassen als solches weder ursächlich für den Eintritt noch für das Ausbleiben eines strafrechtlichen Erfolges sein. Deshalb stellt man auf die rechtlich gebotene Handlung ab und fragt in Abwandlung der ⇨ conditio-sine-qua-non-Formel beim ⇨ unechten Unterlassungsdelikt, ob der tatbestandliche Erfolg bei Hinzudenken der gebotenen Handlung mit an Sicherheit grenzender Wahrscheinlichkeit entfiele.

Kettenteilnahme
[§§ 26, 27, 30]

Kombination mehrerer Teilnahmehandlungen verschiedener Personen an derselben Haupttat. Die Strafbarkeit beurteilt sich nach dem schwächsten Glied der Kette, sodass Anstiftung zur Beihilfe und Beihilfe zur Anstiftung letztlich nur Beihilfe zur Haupttat bleiben.

Klammerwirkung
[§ 52]

Begründung einer ⇨ rechtlichen Handlungseinheit, wenn sich selbstständige Delikte jeweils in ihren Ausführungshandlungen mit einer dritten, bei konkreter Betrachtung des Strafrahmens annähernd wertgleichen Tat überschneiden.

Konkrete Gefährdungsdelikte [z.B. §§ 315 b, c, d II] ★

Unterfall der ⇨ Erfolgsdelikte, bei denen der Täter als spezifische Folge der Tathandlung eine Situation verursachen muss, bei welcher es nur noch vom Zufall abhängt, ob ein Schaden eintritt oder nicht.

Koinzidenzprinzip

⇨ Simultaneitätsprinzip

Kollektivbeleidigung [§§ 185 ff.]

Ehrverletzung einer Personenmehrheit unter einer Sammelbezeichnung, wenn diese genau abgrenzbar ist, eine rechtlich anerkannte Funktion erfüllt und einen einheitlichen Willen bilden kann.

Kollektive Rechtsgüter ★

Synonym: Universalrechtsgüter. Jedes Rechtsgut, das Gegebenheiten der Allgemeinheit betrifft, die das friedliche Zusammenleben aller in der Rechtsgemeinschaft unter Wahrung ihrer Grundrechte gewährleisten.

Konkurrenzen [§§ 52 ff.] ★

Für die Fassung des Schuldspruchs und für die Strafzumessung bedeutsames rechtliches Verhältnis mehrerer von derselben Person verwirklichter Delikte zueinander.

Konsumtion

Synonym: Mitbestrafte Begleittat. Auffangform der ⇨ Gesetzeskonkurrenz bei ⇨ Handlungseinheit, die eingreift, wenn bei gleichzeitig verwirklichten Straftaten aufgrund unterschiedlicher Schutzrichtung weder ⇨ Spezialität noch ⇨ Subsidiarität vorliegt, beide aber typischerweise zusammen verwirklicht werden und die Bestrafung aus dem schwereren zugleich das leichtere Delikt mit abgilt.

Konvergenzdelikt

⇨ notwendige Teilnahme

Körper eines Verstorbenen
[§ 168]

Leichnam, dessen Individualität noch erkennbar ist (woran es bei Verwesung oder Skelettierung fehlt) und der nicht Gegenstand des Rechtsverkehrs geworden ist (anders z.B. bei Anatomieleichen).

Körperliche Misshandlung
[§ 223 I Alt. 1]
★

Jede üble und unangemessene Behandlung, durch die das körperliche Wohlbefinden oder die körperliche Unversehrtheit nicht nur unwesentlich beeinträchtigt wird.

Kraftfahrzeugrennen
[§ 315 d]

Wettbewerbe oder Teile eines Wettbewerbes (z.B. Sonderprüfung mit Renncharakter) sowie Veranstaltungen zur Erzielung von Höchstgeschwindigkeiten oder höchsten Durchschnittsgeschwindigkeiten mit mindestens zwei teilnehmenden Kraftfahrzeugen (z.B. Rekordversuch). Einer vorherigen Absprache aller Beteiligten bedarf es nicht.

Kreditkarte
[§ 266 b I Alt. 2]

Zahlungskarte mit Garantiefunktion im 3 oder 4-Partnersystem.

Kumulative Kausalität
★

Mehrheit von ineinander greifenden Ursachen, die erst durch ihr Zusammenwirken den Erfolg bewirken. Hier ist nach der ⇨ conditio-sine-qua-non-Formel jede Handlung ursächlich.

Lagertheorie
[§§ 253, 263]

⇨ Dreiecksbetrug

Lähmung
[§ 226 I Nr. 3]

Erhebliche Beeinträchtigung der Bewegungsfähigkeit eines Körperteils, die den ganzen Körper in Mitleidenschaft zieht.

Lebensgefährdende Behandlung
[§ 224 I Nr. 5]
★

Jede Einwirkung, die generell – wenn auch unter Berücksichtigung des konkreten Falls – geeignet ist, das Opfer in Lebensgefahr zu bringen.

Mindermeinung im Schrifttum, die Tatbestand und Rechtswidrigkeit zu einem Gesamtunrechtstatbestand zusammenfasst und nach den positiven Tatbestandsmerkmalen das Nichtvorliegen von Rechtfertigungsgründen als Unrechtsausschlüsse und damit als negative Tatbestandsmerkmale prüft. Erklärungsmodell für Vorsatzausschluss bei ⇨ Erlaubnistatbestandsirrtum.

Lehre von den negativen Tatbestandsmerkmalen

⇨ modifiziertes Einverständnis

Lehre vom modifizierten Einverständnis

⇨ Objektive Zurechnung

Lehre von der objektiven Zurechnung

Jedes lebende menschliche Wesen im Entwicklungsstadium nach Abschluss der Einnistung in der Gebärmutter bis zum Beginn der Eröffnungswehen der Schwangeren.

Leibesfrucht
[§§ 218 ff.]

Gesteigerte Form der Fahrlässigkeit als Voraussetzung vieler ⇨ Erfolgsqualifikationen und der Geldwäsche gemäß § 261. Der Täter handelt, obwohl sich ihm der tatbestandliche Erfolg geradezu aufdrängt und er diesen in eklatanter Rücksichtslosigkeit oder unter

Leichtfertig
[§§ 15, 18, 239 a III, 251, 261 V]
★

AB CD EF GH IJK LM NO PQ RS TU VW XYZ

Verletzung einer besonders ernst zu nehmenden Pflicht außer Acht lässt.

Leistungsautomat
[§ 265 a I Mod. 1]

⇨ Automat

Limitierte Akzessorietät
[§§ 26, 27]

Bei Anstiftung und Beihilfe muss nur eine vorsätzliche und rechtswidrige, nicht notwendig schuldhafte Tat eines anderen vorliegen.

Löschen
[§§ 274 I Nr. 2, 303 a]

Nicht wiederherstellbares, vollständiges Unkenntlichmachen von Daten.

---

lucrum ex negotio cum re
[§§ 242, 249]

(Lat.) „Gewinn aus dem Geschäft mit der Sache", der nur in engen Ausnahmefällen ⇨ funktionsspezifischer Sachwert ist.

---

lucrum ex re
[§§ 242, 249]

(Lat.) „Gewinn aus der Sache" zur Abgrenzung der ⇨ Zueignung (-sabsicht) von der ⇨ Bereicherung(sabsicht). Gegenbegriff ist der grds. von der Zueignung nicht mehr erfasste ⇨ lucrum ex negotio cum re.

Manifestationstheorie
[§ 246]
★

Auslegung der ⇨ Zueignung nach h.M., wonach schon die Manifestation des auf Zueignung gerichteten Willens für die Tatvollendung genügt, ohne dass es noch auf den Vollzug der Aneignung oder Enteignung ankommt.

Materielle Subsidiarität

⇨ Subsidiarität

Medizinisch-soziale Indikation
[§ 218 a II]

Unzumutbare und nicht anders als durch Schwangerschaftsabbruch zu beseitigende Gefahr für das Leben oder Gefahr schwerwiegender Beeinträchtigung des körperlichen oder seelischen Gesundheitszustands der Schwangeren.

Mehraktiges Delikt
[z.B. §§ 249, 252]

Straftatbestand, dessen Verwirklichung mehrere Handlungen erfordert, die der Gesetzgeber damit zu einer ⇨ tatbestandlichen Bewertungseinheit verbunden hat.

Mensch
[z.B. §§ 185 ff., 201 ff., 211 ff., 223 ff., 239, 240]

Jedes menschliche Individuum vom Beginn seiner (Lebend-) Geburt bis zu seinem Gesamthirntod.

Missbrauch
[§ 266 I Alt. 1]
★

Handeln im Rahmen des rechtlichen Könnens (Außenverhältnis) unter Überschreitung des rechtlichen Dürfens (Innenverhältnis).

Mitbestrafte Begleittat

⇨ Konsumtion

Mitbestrafte Nachtat
★

Erscheinungsform der ⇨ Gesetzeskonkurrenz bei ⇨ Handlungsmehrheit, wonach eine Rechtsgutverletzung im Verhältnis zu der durch die vorangegangene Straftat geschehenen Rechtsgutverletzung keinen selbstständigen Unwertgehalt mehr hat.

Mitbestrafte Vortat
★

Erscheinungsform der ⇨ Gesetzeskonkurrenz bei ⇨ Handlungsmehrheit, wonach die Strafbarkeit eines vorbereitenden Delikts entfällt, wenn dessen Unrechtsgehalt durch ein später begangenes Delikt mitumfasst wird.

Mitfahrer
[§ 316 a]

Jede im Fahrzeug befindliche Person, solange eine andere Person ⇨ Führer eines Kraftfahrzeugs ist.

Mittäter
[§ 25 II]
★

Mehrheit von Personen, die die Vorsatztat gemeinschaftlich begehen. Voraussetzung sind ein gemeinsamer Tatplan und mindestens ein vom Vorsatz umfasster Mitwirkungsbeitrag, der entweder nach dem Kriterium des ⇨ Täterwillens oder der ⇨ funktionellen Tatherrschaft die Gleichrangigkeit der Mitwirkung neben den anderen Tatausführenden begründet.

Mittelbarer Täter
[§ 25 I Alt. 2]
★

Person, die eine Vorsatztat dadurch begeht, dass sie die Vornahme der Tathandlung durch einen anderen veranlasst oder fördert und dessen Handeln ihr aufgrund von ⇨ Willensherrschaft oder ⇨ Organisationsherrschaft oder nach einer Fallgruppe des Täters hinter dem Täter wie eigenes zurechenbar ist.

Mittels (einer Waffe/ eines gefährlichen Werkzeugs)
[§ 224 I Nr. 2]
★

Die Verletzung muss gerade aus der Gefährlichkeit der Waffe / des gefährlichen Werkzeugs resultieren.

Mitwirkung eines anderen Bandenmitglieds
[§§ 244 I Nr. 2, 250 I Nr. 2]
★

Zusammenwirken eines Mitglieds einer Diebes- oder Räuberbande, unabhängig von seiner Tatortanwesenheit, mit einem anderen Bandenmitglied i.S.d. §§ 25–27. Die Wegnahmehandlung kann dabei auch von einem Nichtmitglied ausgeführt werden, wenn im Übrigen nach den vorgenannten Grundsätzen 2 Bandenmitglieder an der Tat mitwirken und wenigstens einem von ihnen die Tatausführung des Nichtmitglieds als Täter zuzurechnen ist.

Modifiziertes Einverständnis
[§ 242]

Fiktion des Einverständnisses des Gewahrsamsinhabers, der sich der Gewahrsamsübertragung durch einen Warenautomaten bedient oder eine Scannerkasse eingerichtet hat. Bei Automaten ist das „mechanisierte Einverständnis" nur dann wirksam, wenn der Warenautomat mit den dafür vorgesehenen Zahlungsmitteln bedient wird, der Ausgabemechanismus fehlerfrei funktioniert und unbeeinflusst in Gang gesetzt worden ist. Bei Scannerkassen soll das Einverständnis davon abhängig sein, dass sich der Kunde an den regulären Ablauf hält, also keine falschen Preise eingibt oder manipulierte Preisetiketten einlesen lässt.

Mordlust
[§ 211 II]

Die Tötung des Opfers bildet den einzigen Zweck der Tat, insbesondere wenn allein aus der Freude an der Vernichtung eines Menschenlebens getötet wird.

Mutmaßliche Einwilligung
★

Gewohnheitsrechtlicher Rechtfertigungsgrund, subsidiär gegenüber einholbarer Einwilligung und unanwendbar bei geäußertem entgegenstehenden Willen. Der Handelnde muss aus ex-ante-Perspektive in Übereinstimmung mit dem zu vermutenden Willen des Rechtsgutträgers gehandelt und nach gewissenhafter Prüfung beabsichtigt haben, i.S.d. Einwilligungsberechtigten zu handeln.

Nachteilszufügungsabsicht
[§ 274]

Mindestens ⇨ direkter Vorsatz zur Beeinträchtigung fremder Rechte (nicht staatlicher Straf- und Bußgeldansprüche), wobei der Nachteil gerade darauf beruhen muss, dass dem Berechtigten die Benutzung des Inhalts des Informationsträgers in einer aktuellen Beweissituation vorenthalten wird.

Nahestehende Person
[§ 35 I]

Jede Person, die mit dem Täter zwischenmenschlich so verbunden ist, dass bei diesem vergleichbare Solidaritätsgefühle hervorgerufen werden wie bei Angehörigen.

Natürliche Handlungseinheit
[§ 52]
★

Zusammenfassung mehrerer Willensbetätigungen zu einer Handlung im strafrechtlichen Sinn, wenn ein enger räumlicher und zeitlicher Zusammenhang der Tatausführung bei einheitlicher, auf denselben Erfolg gerichteter Motivationslage gegeben ist.

---

ne bis in idem (crimen iudicetur)
[Art. 103 III GG]
★

(Lat.) „Es möge nicht zweimal wegen desselben (Verbrechens) Recht gesprochen werden." Verbot doppelter Strafverfolgung, das aufgrund der ⇨ Rechtskraft eines Urteils oder einer anderen

Verfahrensbeendigung zum ⇨ Strafklageverbrauch und damit zu einem ⇨ Strafverfolgungshindernis führt.

Nebentäter [§ 25]	Person, die dieselbe Straftat als ⇨ Täter verwirklicht, ohne ⇨ Mittäter zu sein.
nemo tenetur se ipsum accusare [§§ 153 ff., 164, 258] ★	(Lat.) „Niemand ist gehalten, sich selbst anzuklagen." Strafprozessuales Fundamentalprinzip und tatbestandsimmanente Begrenzung der Rechtspflegedelikte, wonach niemand an seiner eigenen Überführung im Strafprozess aktiv mitwirken muss, sondern schweigen und die angelastete Tatbeteiligung auch leugnen darf.
Neuer Gewahrsam [§§ 242, 246] ★	Der Täter oder mit dessen Willen ein Dritter hat die Herrschaft über die Sache derart erlangt, dass er sie ungehindert vom vormaligen Gewahrsamsinhaber ausüben und dieser seinerseits über die Sache nicht mehr verfügen kann, ohne die Verfügungsgewalt des Täters zu beseitigen.
Niedriger Beweggrund [§ 211 II] ★	Handlungsleitendes Tötungsmotiv, das nach allgemeiner sittlicher Wertung auf tiefster Stufe steht und deshalb besonders verachtenswert ist (insbesondere weil es durch hemmungslose, triebhafte

Eigensucht oder krasse Rücksichtslosigkeit oder Missachtung jeglichen Eigenwerts des Opfers bestimmt ist).

Normative Tatbestandsmerkmale [§ 16] ★

Elemente des Straftatbestands, die nur nach einer innerstrafrechtlichen Wertung subsumiert werden können oder die zu ihrer Subsumtion auf außerhalb des Strafrechts liegende Rechtsverhältnisse und Vorschriften verweisen (z.B. fremd in § 242).

Normatives Stufenverhältnis

Beziehung zwischen Straftatbeständen i.S.e. rechtsethischen „mehr oder weniger", so z.B., wenn ein Delikt Grund- oder Durchgangsstufe eines anderen Delikts ist. Steht fest, dass der Täter zumindest das Delikt niedrigerer Stufe verwirklicht hat, so ist er nach dem Grundsatz ⇨ in dubio pro reo hieraus zu verurteilen.

Nothilfe [§ 32 II Alt. 2]

⇨ Notwehr zugunsten eines Dritten

Notstandswille [§ 34 S. 1]

⇨ Gefahrabwendungswille

Nötigungsdreieck [§§ 239 a, b, 240, 249, 253, 255]

Die bei allen Tatbeständen mit Nötigungsbestandteil mögliche Herbeiführung des Taterfolges dadurch, dass das Tatopfer durch Androhung eines Übels oder durch Gewaltanwendung gegen einen (nicht notwendig nahestehenden) Dritten motiviert wird.

Nötigungsnotstand [§ 35 I] ★

Unterfall des ⇨ entschuldigenden Notstands. Der Täter begeht eine rechtswidrige Tat, zu der er gezwungen worden ist, indem ihm die gegen ihn oder eine ihm nahestehende Person gerichtete Tötung, Körperverletzung oder Freiheitsentziehung angedroht wurde.

Notwehr [§ 32] ★

Stärkster Rechtfertigungsgrund, der auf dem Rechtsbewährungs- und Schutzprinzip basiert und bei ⇨ gegenwärtigen, ⇨ rechtswidrigen ⇨ Angriffen jede mit Verteidigungswillen geübte ⇨ Verteidigung erlaubt, die erforderlich und geboten ist, bis hin zur Tötung des Angreifers zum Schutz von nicht völlig belanglosen Sachwerten.

Notwehrexzess [§ 33] ★

Entschuldigungsgrund für den Fall, dass der Täter bei tatsächlich gegebener Notwehrlage (intensiver Notwehrexzess) aufgrund eines der in § 33 abschließend genannten sog. asthenischen Affekte die erforderliche oder gebotene Verteidigungshandlung bewusst oder unbewusst überschreitet. Die Vorschrift gilt nach h.M. nicht für den ⇨ extensiven Notwehrexzess und auch nicht für den ⇨ Putativnotwehrexzess.

Notwehrwille
[§ 32]

⇨ Verteidigungswille

---

nulla poena sine culpa
[§ 1]
★

(Lat.) „Keine Strafe ohne Schuld" ⇨ Garantiefunktion

---

nullum crimen sine lege scripta, sine lege praevia, sine lege certa
[§ 1]

(Lat.) „Keine Straftat ohne geschriebenes Gesetz, ohne vorheriges, also zur Tatzeit gültiges Gesetz, ohne sicheres, also inhaltlich bestimmtes Gesetz." ⇨ Garantiefunktion

---

Objektive Strafbarkeitsbedingungen
[§§ 186, 231, 323 a]
★

Umstände im Zusammenhang mit einem strafrechtlichen Verbot, deren Verwirklichung erst die Strafwürdigkeit des Verbots begründet, die aber außerhalb des Tatbestands und der Schuld stehen und deshalb weder Vorsatz noch Fahrlässigkeit verlangen.

Objektive Theorie
[§§ 153 ff.]

⇨ falsche Aussage

Objektive Zurechnung
★

Nach herrschendem Schrifttum tatbestandliche Begrenzung der Erfolgsdelikte auf solche kausalen Handlungen, die eine rechtlich missbilligte Gefahr geschaffen haben, welche sich auch in tatbestandskonformer Weise in dem Erfolg niedergeschlagen hat. Die Rspr. fordert den Risikozusammenhang bisher nur bei verhaltensgebundenen Erfolgsdelikten, die im Tatbestand durch Worte wie „dadurch", „hat zur Folge" oder „mittels" die Verbindung zwischen der Tathandlung und einem weiteren Verletzungs- oder Gefährdungserfolg besonders betonen.

Öffentlich
[§§ 111, 164, 186, 187]

Größere, nicht durch nähere Beziehungen zueinander verbundene Anzahl von Menschen.

Öffentliche Urkunde
[§§ 271, 348]

⇨ Urkunde i.S.d. § 415 ZPO, die für den allgemeinen Rechtsverkehr bestimmt ist und dem Zweck dient, Beweis für und gegen jedermann zu erbringen.

Öffentlicher Straßenverkehr [§§ 142, 315 b, 315 c, 315 d, 316] ★

Alle Verkehrsflächen, die entweder nach öffentlichem Wegerecht dem allgemeinen Verkehr gewidmet sind oder die ungeachtet einer Widmung oder der Eigentumsverhältnisse für jedermann oder für eine allgemein bestimmte größere Personengruppe zugelassen sind und auch tatsächlich so genutzt werden.

---

omissio libera in causa

(Lat.) „Eine in der Ursache frei(-verantwortliche) Unterlassung." Parallelfigur zur ⇨ actio libera in causa. Bevor seine Handlungspflicht aktuell wird, setzt sich der Pflichtige außerstande, seine Pflicht später erfüllen zu können. Trotz Unmöglichkeit, das Gebotene in dem Moment zu tun, in dem die Handlungspflicht aktuell wird, ist er – je nach Vorwerfbarkeit der Herbeiführung späteren Unvermögens – zur Handlung aus vorsätzlichem oder fahrlässigem Unterlassungsdelikt strafbar.

Omissivdelikt

⇨ echtes Unterlassungsdelikt

---

omnimodo facturus [§§ 26, 27]

(Lat.) „Zur Tat fest Entschlossener", bei dem deswegen keine ⇨ Anstiftung mehr möglich ist. Durch psychische Stabilisierung des Tatentschlusses kann allerdings noch ⇨ Beihilfe erfüllt sein.

Organisationsherrschaft
[§ 25 I Alt. 2]

Kriterium für mittelbare Täterschaft. Der Hintermann hat in einer nicht notwendig kriminellen Organisation eine beherrschende Stellung inne, durch die sein Tatbeitrag quasi automatisch zur Tatausführung führt, weil der unmittelbar Handelnde in der Organisation austauschbar ist. Ungeachtet der Strafbarkeit des Ausführenden wird der Tatveranlasser ⇨ Täter hinter dem Täter.

Parallelwertung in der Laiensphäre
[§ 16 I 1]
★

Vorsatzbedürftiger Umstand bei ⇨ normativen Tatbestandsmerkmalen. Der Täter muss den juristischen Sinngehalt des Merkmals erfasst und eine Wertung der das Merkmal ausfüllenden tatsächlichen Umstände vorgenommen haben. Für diese Wertung reicht es aus, dass er den rechtlich-sozialen Sinngehalt allen Grundzügen nach richtig erfasst hat.

Person
[z.B. §§ 185 ff., 201 ff., 211 ff., 223 ff.]

⇨ Mensch

Persönliche Merkmale
[§ 28]

Solche besonderen Merkmale einer Straftat, die im Gegensatz zu ⇨ tatbezogenen Merkmalen Eigenschaften, Verhältnisse oder andere Umstände beschreiben, welche vornehmlich mit der Person des Beteiligten verknüpft sind und Motive, Tendenzen oder eine persönliche Pflichtenstellung kennzeichnen. Zu unterscheiden sind ⇨ allgemeine persönliche Merkmale und ⇨ besondere persönliche Merkmale.

Persönlicher Schadenseinschlag
[§§ 253, 263, 266]
★

Fallgruppen zur Bejahung eines ⇨ Vermögensschadens trotz wirtschaftlich äquivalenter Gegenleistung, weil diese für das Opfer nicht in zumutbarer Weise verwendbar ist oder das Opfer hohe Folgeverbindlichkeiten eingehen muss oder wenn dadurch das Opfer nicht mehr zur ordnungsgemäßen Erfüllung seiner Verbindlichkeiten oder zu einer angemessenen Wirtschafts- oder Lebensführung imstande ist.

Pervertierter Verkehrsvorgang
[§ 315 b]
★

Vorgang im ruhenden oder fließenden Verkehr, der ausnahmsweise als „(Innen-)Eingriff" i.S.v. § 315 b anzusehen ist, wenn objektiv eine Einwirkung von einigem Gewicht vorliegt und der Täter subjektiv die verkehrsfeindliche Absicht mit zumindest bedingtem Schädigungsvorsatz besessen hat.

Pflichtdelikt
[z.B. §§ 266, 331 ff.]

Tatbestand, dessen Täter nur sein kann, wer eine bestimmte Sonderpflicht verletzt. Das sind die Amtsdelikte, spezielle Berufsdelikte und die ⇨ unechten Unterlassungsdelikte.

Pflichtgemäßes Alternativverhalten

⇨ Alternativverhalten, rechtmäßiges / pflichtgemäßes

Pflichtwidrigkeits-zusammenhang

⇨ Alternativverhalten, rechtmäßiges / pflichtgemäßes

Pfändung
[§ 136]

⇨ Beschlagnahme, die zur Befriedigung oder Sicherung vermögensrechtlicher Ansprüche vorgenommen wird.

Postpendenz
[§§ 259, 261]

Ausnahme vom Grundsatz ⇨ in dubio pro reo: Ein Folgegeschehen ist dem Täter sicher nachweisbar und erfüllt für sich gesehen alle Voraussetzungen einer Anschlusstat (Hauptfall: Hehlerei). Die rechtliche Einordnung dieses Folgegeschehens hängt aber von einem nur möglicherweise gegebenen Vortatgeschehen ab. Hier lässt die h.M. eine eindeutige Verurteilung wegen der Anschlusstat zu, weil eine Verurteilung hieraus nicht daran scheitert, dass nur möglicherweise eine weitere Strafbarkeit vorliegt.

Potenzielles Unrechtsbewusstsein

⇨ Unrechtsbewusstsein

Präpendenz

Ausnahme vom Grundsatz ⇨ in dubio pro reo, spiegelbildlich zur ⇨ Postpendenz: Ein bestimmtes Vorgeschehen ist sicher und erfüllt für sich gesehen einen Straftatbestand. Dessen Strafbarkeit hängt rechtlich von einem nur möglichen späteren Geschehen ab. Die h.M. lässt hier eine Verurteilung nur aus dem Vortatgeschehen zu.

Privilegierung
[§§ 216, 218 III]

Tatbestandliche Abwandlung eines ⇨ Grundtatbestandes, die ein im Verhältnis dazu geringeres Unrecht durch Einfügen weiterer Merkmale in den Unrechtstatbestand kennzeichnet und eine mildere Strafe vorschreibt.

Prozessbetrug
[§ 263]
★

⇨ Dreiecksbetrug, bei dem das Rechtspflegeorgan täuschungsbedingt eine vermögensnachteilige Handlung zulasten eines Verfahrensbeteiligten vornimmt, wobei das erforderliche Näheverhältnis durch das Prozessrechtsverhältnis begründet wird.

Psychologische Vergleichbarkeit

⇨ echte Wahlfeststellung

Putativnotwehrexzess
[§§ 32, 33]
★

Situation, in der sich der Handelnde eine tatsächlich nicht gegebene Notwehrlage einbildet und darüber hinaus auch aus Verwirrung, Furcht oder Schrecken die Verteidigung intensiver gestaltet, als dies bei tatsächlich gegebener Angriffslage erforderlich bzw. geboten gewesen wäre. § 33 gilt hier nicht, nach h. M. auch nicht analog. Die Lösung folgt den Regeln zum ⇨ Rechtfertigungsirrtum. Ein ⇨ Erlaubnistatbestandsirrtum (Putativnotwehr) liegt hier nicht vor, weil der Täter auch bei gegebener Notwehrlage wegen der Notwehrüberschreitung nicht gerechtfertigt gewesen wäre. Es liegt lediglich ein nach § 17 zu behandelnder ⇨ Erlaubnisirrtum vor.

Qualifikationslos-doloser Werkzeuggehilfe
[§ 25 I Alt. 2]
★

Nach h.M. Erscheinungsform des tatbestandslosen-dolosen Tatmittlers. Der Tatausführende weiß zwar, was er tut, besitzt aber nicht die für die Deliktserfüllung notwendige Täterqualität (z.B. Sondereigenschaft). Der Tatveranlasser besitzt diese Eigenschaft. Aufgrund dieser normativen Überlegenheit wird ihm das Handeln des Ausführenden wie eigenes nach § 25 I Alt. 2 zugerechnet. Da der Ausführende die Tat bewusst ermöglicht, ist er Gehilfe hierzu.

Qualifikation
[z.B. §§ 224 ff., 244 f., 250 f.]
★

Tatbestandliche Abwandlung eines ⇨ Grundtatbestandes, die ein im Verhältnis dazu schwereres Unrecht durch Einfügen weiterer Merkmale in den Unrechtstatbestand kennzeichnet und eine höhere Strafe vorschreibt.

Quasi-Kausalität

⇨ Kausalität (bei Unterlassungstaten)

Raubspezifischer Zusammenhang
[§ 249]
★

Objektiver Zusammenhang zwischen dem Raubmittel und der Wegnahme, der über die räumlich-zeitliche Nähe hinaus verlangt, dass die Gewalt oder die qualifizierte Drohung zu einer nötigungsbedingten Schwächung des Gewahrsamsinhabers – wohl auch: eines sonstigen schutzbereiten Dritten in dessen Lager – in seiner Verteidigungsfähigkeit oder -bereitschaft führt.

Rausch
[§ 323 a]

Auf Alkohol oder anderen Rauschmitteln beruhender Zustand der Intoxikation, bei dem nach h.M. sicher verminderte Schuldfähigkeit, möglicherweise sogar Schuldunfähigkeit vorgelegen hat.

Rauschtat
[§ 323 a]

⇨ Objektive Strafbarkeitsbedingung des Vollrauschtatbestandes: Jedes Verhalten, das den vollständigen objektiven und subjektiven Tatbestand einer Vorsatz- oder Fahrlässigkeitstat verwirklicht, das rechtswidrig war und auch schuldhaft gewesen wäre, wenn der Täter nicht vermindert schuldfähig, möglicherweise sogar schuldunfähig gewesen wäre.

Realkonkurrenz
[§ 53]

⇨ Tatmehrheit

Rechtfertigende Einwilligung

Rechtfertigungsgrund, der bei disponiblen Rechtsgütern einen wirksamen Rechtsschutzverzicht des Berechtigten und als subjektives Rechtfertigungselement ein Handeln in Kenntnis und aufgrund der Einwilligung verlangt.

Rechtfertigende Pflichtenkollision
[§ 13]

Nach h.M. spezieller Rechtfertigungsgrund des ⇨ Unterlassungsdelikts: Den Täter treffen zwei gleichrangige rechtliche Handlungsgebote, von denen er nur eines durch die Nichtbefolgung des anderen erfüllen kann. In diesem Fall gewährt die Rechtsordnung dem Täter ein Wahlrecht, wenn er wenigstens eine Handlungspflicht mit Rettungswillen erfüllt.

Rechtfertigender Notstand
[§§ 34, 904 BGB]

Rechtfertigungsgrund, der im Konflikt zweier Interessen die Verletzung des von der Rechtsordnung geringer bewerteten erlaubt, wenn der Täter eine alternativlose Chance wahrnimmt, um das höherwertige zu schützen.

Unkenntnis eines objektiv vorliegenden Rechtfertigungsgrundes (mit der Folge fehlenden subjektiven Rechtfertigungselements) oder irrige Annahme eigener Rechtfertigung entweder als ⇨ Erlaubnistatbestandsirrtum oder ⇨ Erlaubnisirrtum.

Rechtfertigungsirrtum
[§§ 16, 17]

⇨ error in persona vel in objecto

Rechtliche Gleichwertigkeit
[§ 16]

Zusammenfassung mehrerer, für sich gesehen selbstständiger Willensbetätigungen zu einer Handlung im Rechtssinne, insbesondere bei ⇨ Dauerdelikten und ⇨ mehraktigen Delikten.

Rechtliche Handlungseinheit
[§ 52]

⇨ Alternativverhalten, rechtmäßiges/pflichtgemäßes

Rechtmäßiges Alternativverhalten

⇨ echte Wahlfeststellung

Rechtsethische Vergleichbarkeit

Von der Rspr. entwickelte Möglichkeit einer Strafmilderung bei Mord gem. § 49 I Nr. 1, wenn bei ⇨ heimtückischer Tötung die Verhängung lebenslanger Freiheitsstrafe unverhältnismäßig wäre,

Rechtsfolgenlösung
[§ 211]

weil außergewöhnliche Umstände vorliegen, die das Ausmaß der Täterschuld erheblich mildern.

Rechtsfolgen-verweisende Schuldtheorie [§ 16] ★

Untermeinung der ⇨ eingeschränkten Schuldtheorie, die den ⇨ Erlaubnistatbestandsirrtum nur hinsichtlich der Rechtsfolgen dem ⇨ Tatbestandsirrtum gleichstellt und analog § 16 für den Haupttäter nur auf die Bestrafung aus einer Vorsatztat verzichtet. Für den Teilnehmer bleibt danach auch die im Erlaubnistatbestandsirrtum begangene Tat immer noch eine vorsätzlich rechtswidrige und damit teilnahmefähige Haupttat.

Rechtsgut

Gegebenheiten einer Person, eines Gegenstandes oder einer Institution, die für die freie Entfaltung des Einzelnen, die Verwirklichung seiner Grundrechte und ein funktionierendes Gemeinwesen notwendig sind. Str. ist, ob es auch einer positiven Wertentscheidung der Rechtsordnung bedarf.

Rechtsgutbezogener Willensmangel

Ausschlussgrund für eine wirksame ⇨ Einwilligung. Ein solcher Willensmangel ist gegeben, wenn die Einwilligung durch Drohung oder Irrtum beeinflusst war. Bei einem Irrtum muss der Einwilligende gerade im Hinblick auf Folgen, Bedeutung und Tragweite für das verletzte Rechtsgut im Unklaren gewesen sein.

Rechtskraft
[Art. 103 III GG]

Das aus der Unanfechtbarkeit einer Entscheidung entstehende Strafverfahrenshindernis für ein erneutes Strafverfahren ⇨ ne bis in idem.

Rechtswidriger Angriff
[§ 32]

Jeder ⇨ Angriff, den der Betroffene nicht zu dulden braucht bzw. der im Widerspruch zur Rechtsordnung steht.

Rechtswidrigkeit
[§ 11 I Nr. 5]

Widerspruch der Tat zur Gesamtrechtsordnung, häufig widerlegbar indiziert durch die Erfüllung des ⇨ Tatbestands.

Rechtswidrigkeit der erstrebten Zueignung
[§§ 242, 249]
★

Vorsatzbedürftiges Tatbestandsmerkmal. Widerspruch des vom Täter erstrebten Zustands zur Eigentumsordnung, woran es fehlt, wenn dem Täter ein fälliger und einredefreier Anspruch auf Übereignung des Gegenstandes zusteht.

Rechtswidrigkeit der erstrebten Bereicherung
[§§ 253, 263]
★

Vorsatzbedürftiges Tatbestandsmerkmal. Widerspruch der vom Täter erstrebten Vermögensverschiebung zur Vermögensordnung.

Regelbeispiel [z.B. §§ 113 Abs. 2 S. 2 Nr. 1–3, 243 I 2 Nr. 1–7, 263 Abs. 3 S. 2 Nr. 1–5]	Nicht abschließende Konkretisierung des generalklauselartigen Strafzumessungsbegriffs „besonders schwerer Fall" durch tatbestandsähnlich formulierte Fälle erhöhter krimineller Energie. Anders als bei der ⇨ Qualifikation kann die Straferhöhung aufgrund einer Gesamtabwägung zu verneinen sein.
Relative Fahruntüchtigkeit, alkoholbedingte [§§ 315 c, 316]	Alkoholisierung ab 0,3‰ BAK, aber unterhalb der ⇨ absoluten Fahruntüchtigkeit, wenn aufgrund zusätzlicher Ausfallerscheinungen feststeht, dass der Täter alkoholbedingt nicht mehr imstande war, das Fahrzeug sicher zu führen.
Risikoerhöhungslehre	Von der Rspr. verworfene Theorie des Schrifttums, wonach auch bei ⇨ rechtmäßigem Alternativverhalten eine Fahrlässigkeitsbestrafung möglich bleiben soll, wenn feststeht oder nur möglich ist, dass der Täter durch sein Fehlverhalten das Risiko des Erfolgseintritts vergrößert hat.
Risikoverringerung	Fallgruppe, bei der nach Ansicht des Schrifttums kein rechtlich missbilligtes Risiko geschaffen wurde und die ⇨ objektive Zurechnung einer erfolgskausalen Handlung zu verneinen ist, weil der Handelnde einen drohenden und schwereren Erfolg nur abgeschwächt oder zeitlich hinausgeschoben hat.

Spiegelbild zu der beim ⇨ Fahrlässigkeitsdelikt vertretenen ⇨ Risikoerhöhungslehre. Danach soll in den Fällen, in denen die ⇨ Quasi-Kausalität des Unterlassens zum eingetretenen Erfolg nicht nachweisbar ist, die Strafbarkeit schon dann begründet sein, wenn die Vornahme der unterlassenen Handlung das Risiko des Erfolgseintritts erheblich vermindert hätte. Diese Lehre hat sich nicht durchgesetzt.

Risikoverringerungslehre
[§ 13]

Bei vorsätzlichem Handeln gegeben, wenn sich der Täter aus eigensüchtigen Motiven bewusst über seine Pflichten als Verkehrsteilnehmer hinwegsetzt, um beispielsweise schneller voranzukommen, mag er auch darauf vertrauen, dass es zu einer Beeinträchtigung anderer Personen nicht kommen werde. Im Fall einer Fahrlässigkeitstat handelt rücksichtslos, wer sich aus Gleichgültigkeit nicht auf seine Pflichten besinnt und Hemmungen gegen seine Fahrweise gar nicht erst aufkommen lässt, sondern unbekümmert um die Folgen seiner Fahrweise drauf los fährt.

Rücksichtslos
[§ 315 c]

⇨ Gesamtbetrachtungslehre

Rücktrittshorizont
[§ 24]

Rückwirkungsverbot [Art. 103 II GG; §§ 1, 2]	Fundamentalprinzip des Strafrechts mit Verfassungsrang: Eine Handlung, die im Zeitpunkt ihrer Begehung straffrei war, darf durch den Gesetzgeber nicht rückwirkend durch Änderung materiell-rechtlicher Vorschriften für strafbar erklärt werden.
Sache von bedeutendem Wert [§§ 315 b, 315 c]	Tatobjekt, das als solches mehr als 750 € Verkehrswert besitzt und dem durch die Tat auch ein Schaden mindestens in dieser Höhe droht.
Sache [§§ 242, 246, 249, 259, 303]	Jeder körperliche Gegenstand, unabhängig vom Aggregatzustand.
Scheinwaffe [§§ 244 I Nr. 1 b, 250 I Nr. 1 b]	Attrappe, defekte oder ungeladene Waffe, mit der der Täter seine tatsächlich nicht realisierbare Drohung verstärken will, es sei denn, es handelt sich um ein ⇨ evident ungefährliches Tatmittel.
Schlägerei [§ 231]	Eine mit gegenseitigen Körperverletzungen verbundene Auseinandersetzung, an der mehr als 2 Personen aktiv mitwirken.
Schlichtes Tätigkeitsdelikt	⇨ Gefährdungsdelikt

Schuld
[§ 20]

Persönliche Verantwortung des Täters, der sich nicht zu einem rechtmäßigen Handeln hat motivieren lassen, obwohl er bzw. ein durchschnittlicher Mensch an seiner Stelle sich für das Recht hätte entscheiden können.

Schuldfähigkeit
[§§ 19, 20, 21]

Das Mindestmaß an Selbstbestimmung, das vom Gesetz für die strafrechtliche Verantwortlichkeit verlangt wird.

Schuldtheorie
[§§ 16, 17]

In § 17 gesetzlich verankerte Prämisse, dass das ⇨ Unrechtsbewusstsein nicht zum Vorsatz, sondern zur Schuld gehört. Die Schuldtheorie hat die früher vertretene Vorsatztheorie verdrängt.

Schuldunfähigkeit
[§ 20]

Ausschluss individueller Verantwortung für die rechtswidrige Tat. Medizinische Voraussetzung ist, dass zur Tatzeit entweder eine krankhafte seelische Störung oder eine tiefgreifende Bewusstseinsstörung oder Schwachsinn oder eine andere seelische Abartigkeit vorgelegen hat. Psychologische Voraussetzung ist, dass der Täter infolge eines der vorgenannten Defekte unfähig gewesen ist, entweder das Unrecht der Tat einzusehen (Einsichtsunfähigkeit) oder nach dieser Einsicht zu handeln (Steuerungsunfähigkeit).

AB CD EF GH IJK LM NO PQ RS TU VW XYZ

Schutzzweck-zusammenhang	Teleologisches Kriterium zur Begrenzung eines ⇨ Erfolgsdelikts. Es entfällt dann mangels Risikozusammenhangs nach der Literatur die ⇨ objektive Zurechnung, während die Rechtsprechung die Erfüllung des jeweiligen Tatbestandsmerkmals verneint.
Schwere Gesundheitsschädigung [§§ 221, 250 I Nr. 1 c]	Ernste langwierige Krankheit, wenn eine gravierende Störung der Körperfunktionen zu befürchten ist oder wenn die Arbeitskraft erheblich beeinträchtigt wird.
Schwerpunkt der Vorwerfbarkeit [§ 13]	Wertungskriterium der h.M. zur Festlegung, ob ein bestimmtes Verhalten, das zugleich Elemente des aktiven Tuns und Unterlassens aufweist, die Tat zum ⇨ Begehungsdelikt oder ⇨ unechten Unterlassungsdelikt macht.
se ut dominum gerere [§§ 242, 246, 249]	(Lat.) „Sich wie der Herr (Eigentümer) aufführen," d.h. Anmaßung der Befugnisse eines Eigentümers als formales Kriterium neben der ⇨ Aneignungsabsicht und der ⇨ Enteignungsabsicht zur Begründung der ⇨ Zueignungsabsicht.
Selbstgefährdung	⇨ eigenverantwortliche Selbstgefährdung

Selbsthilfe
[§§ 229 f. BGB]

Rechtfertigungsgrund des Gläubigers eines einredefreien, aber in seiner Durchsetzung gefährdeten schuldrechtlichen Anspruchs, die erforderlichen Handlungen zur Anspruchssicherung durchzuführen, wenn obrigkeitliche Hilfe nicht rechtzeitig erreichbar ist.

Selbsttötung

Lebensverkürzung, die durch das Opfer selbst herbeigeführt worden ist. In Abgrenzung zum ⇨ „Töten" i.S.v. § 216 kommt es darauf an, ob der Sterbewillige den unmittelbar zum Tode führenden Akt beherrschte. War die Selbsttötung ⇨ eigenverantwortlich, so ist jede Beteiligung daran straflos.

Sich oder einem anderen Zugang zu Daten verschaffen
[§ 202 a]

Erlangung einer technischen oder physischen Einwirkungsmöglichkeit auf den Datenspeicher.

Sich versprechen lassen
[§§ 299 I, 331, 332]

Annahme des Angebots von noch zu erbringenden ⇨ Vorteilen.

Sichbemächtigen
[§§ 239 a I, 239 b I]

Begründung physischer Herrschaft des Täters über das Opfer – auch durch Scheindrohung –, ohne dass dafür eine Ortsveränderung oder Freiheitsberaubung notwendig wäre. Bei 2-Personen-

Beziehungen darf die Bedrängnis des Opfers nicht nur deckungsgleich mit dem Zwangsmittel des Raubes, einer Erpressung oder sonstigen Nötigung sein, sondern muss darüber hinaus zu einer stabilisierten Zwangslage geführt haben, die ihrerseits in zeitlich-funktionalem Zusammenhang die weitere Nötigung ermöglichen sollte.

Sichbereiterklären [§ 30 II Fall 1] ★	Annahme der Aufforderung oder Sicherbieten zur Begehung eines Verbrechens oder zur Anstiftung dazu.
Sichentfernen [§ 142 I, II]	Verlassen der räumlichen Grenzen des ⇨ Unfallorts.
Sicherungstat [§§ 240, 253, 255, 263]	Straftat, die dazu dient, die aus einer Vortat gewonnenen Vorteile zu sichern, auszunutzen oder zu verwerten und die sich gegen die bereits durch die Vortat geschädigte Person richtet. Sie tritt als ⇨ mitbestrafte Nachtat hinter der Vortat zurück.
Sichverschaffen [§ 259] ★	Einverständlicher, abgeleiteter Erwerb vom Vortäter, durch den dieser sich der Sache entäußert und die Verfügungsgewalt auf den Erwerber überträgt, damit dieser zu eigenen Zwecken damit ver-

fahren kann und die Sache ihrem wirtschaftlichen Wert nach übernimmt.

Sichverschaffen
[§ 261]

Erwerb der Verfügungsgewalt, nicht notwendigerweise durch kollusives Zusammenwirken zwischen Geldwäscher und Vortäter, wohl aber im – wenn auch durch Täuschung oder Zwang erlangten – Einvernehmen mit diesem.

Siechtum
[§ 226 I Nr. 3]

Chronischer Krankheitszustand, der den Gesamtorganismus ergreift und ein Schwinden der Körper- oder Geisteskräfte und Hinfälligkeit zur Folge hat.

Siegel
[§ 136 II]

Eine von einer Behörde oder von einem Amtsträger herrührende Kennzeichnung mit Beglaubigungscharakter.

Simultaneitätsprinzip
[§§ 16, 17, 20]
★

Synonyme: Koinzidenzprinzip, Gleichzeitigkeitsprinzip. Soweit der jeweilige Tatbestand keine zeitliche Abfolge vorschreibt (wie z.B. §§ 259, 263), müssen alle Voraussetzungen der ⇨ Strafbarkeit – außer dem Erfolg – im versuchsüberschreitenden Zeitpunkt der Tathandlung vorliegen.

Sinnlosigkeit des Weiterhandelns
[§ 24]

Grund für den Täter, seinen Versuch nicht zu vollenden, weil er sein außertatbestandliches Ziel erreicht zu haben glaubt oder annimmt, dies nicht mehr erreichen zu können. Nach dem Schrifttum soll dann ein ⇨ fehlgeschlagener Versuch vorliegen, während die Rspr. trotzdem den Rücktritt weiterhin für möglich hält.

Sittenwidrigkeit der Tat
[§ 228]
★

Ausschlussgrund der ⇨ Einwilligung. Gilt nach h.M. nur bei den §§ 223 ff. Sittenwidrig ist die Tat dann, wenn der Eingriff in die körperliche Integrität ohne positiven oder einsehbaren Zweck erfolgt und so schwer oder so lebensgefährlich ist, dass dadurch das Anstandsgefühl aller billig und gerecht Denkenden verletzt wird.

Sonderdelikte
[z.B. §§ 142, 331 f.]

Straftatbestände, deren Begehung, anders als bei Allgemeindelikten, nur durch Personen möglich ist, die deliktsspezifische Eigenschaften besitzen.

Sonstige Stelle
[§ 11 I Nr. 2 c]

Institutionen, die unabhängig von ihrer Organisationsform bei der Ausführung von Gesetzen mitwirken und mit Behörden gleichzustellen sind.

Sozialadäquanz

Fallgruppe, bei der die ⇨ objektive Zurechnung zu verneinen ist, weil ein für einen Deliktserfolg kausales Verhalten von der Rechtsordnung ausdrücklich erlaubt oder als gesellschaftlich nützlich toleriert wird und damit kein strafrechtlich missbilligtes Risiko schafft.

⇨ Zweckverfehlung

Spendenbetrug

Prinzip der ⇨ Gesetzeskonkurrenz, wonach das speziellere Gesetz dem allgemeineren Gesetz vorgeht.

Spezialität

Straflose Fälle der Fremdtötung. Zulässig unter den Voraussetzungen des ⇨ Behandlungsabbruchs.

Sterbehilfe
[§§ 212, 216]

⇨ Schuldfähigkeit

Steuerungsunfähigkeit

Jeder Gegenstand, der mechanisch, thermisch oder biologisch wirken kann.

Stoff
[§ 224 I Nr. 1]

Ungeschriebenes Tatbestandsmerkmal, wonach Vorteil und Schaden auf derselben Vermögensverfügung beruhen und der (erstrebte) Vorteil unmittelbar aus dem geschädigten Vermögen entstehen muss.

Stoffgleiche Bereicherung
[§§ 253, 263]

AB CD EF GH IJK LM NO PQ RS TU VW XYZ

Strafändernde besondere persönliche Merkmale	⇨ strafmodifizierende besondere persönliche Merkmale
Strafantrag [§§ 77 ff., § 158 II StPO]	Formbedürftiges und fristgebundenes Verlangen des Verletzten auf Bestrafung als Strafverfolgungsvoraussetzung für bestimmte Straftaten. Ein nicht gestellter, auch durch Bejahung des besonderen öffentlichen Verfolgungsinteresses seitens der Staatsanwaltschaft nicht ersetzbarer (z.B. § 303 c) und nicht mehr nachholbarer Strafantrag erzeugt ein ⇨ Strafverfolgungshindernis.
Strafaufhebungsgründe [§§ 24, 142 IV, 158, 306 e]	Nachtatverhalten, durch das der Täter weiteren Schaden verhindert und damit Strafbefreiung erlangt, ohne dass jedoch eine teilnahmefähige Haupttat entfällt.
Strafausschließungsgrund [§§ 37, 218 IV 2, 257 III 1, 258 V, VI, 261 IX 2]	Persönliche oder sachliche Umstände, die schon bei Begehung der Tat vorliegen und das Strafbedürfnis, nicht aber eine teilnahmefähige Haupttat, entfallen lassen.
Strafbarkeit (in der Rechtsanwendung)	Summe aller materiell-rechtlichen und prozessualen Voraussetzungen, die erfüllt sein müssen, um gegen den Beteiligten die in einer Strafvorschrift vorgesehene Strafe verhängen zu können.

Strafbegründende persönliche Merkmale [§ 28 I]

⇨ Besondere persönliche Merkmale, die notwendiger Bestandteil eines einfachen Tatbestandes oder ⇨ Grunddelikts sind (z.B. Amtsträgereigenschaft bei den Amtsdelikten oder die spezielle Berufseigenschaft in § 203).

Strafe [§§ 38 ff.]

Die dem Schuldausgleich und der Prävention dienende Sanktion des Staates für eine Straftat, die in einem formellen Verfahren verhängt wird, das Unwerturteil der Rechtsgemeinschaft über die Tat zum Ausdruck bringt und durch die eine schuldangemessene Übelszufügung für den Täter fühlbar gemacht wird.

Strafklageverbrauch

⇨ Rechtskraft

Strafmodifizierende besondere persönliche Merkmale [§ 28 II]

Besondere ⇨ persönliche Merkmale, die strafschärfend (z.B. Gewerbsmäßigkeit, § 260), strafmildernd (Schwangerschaft der Täterin in § 218 III), strafausschließend (Angehörigeneigenschaft in § 258 VI) oder strafaufhebend (⇨ Rücktritt vom Versuch, §§ 24, 31) wirken.

Strafrechtlicher Rechtmäßigkeitsbegriff
[§§ 113 III, 114 III, 136 III]
★

Spezifischer Prüfungsmaßstab hoheitlichen Handelns als Strafbarkeitsbegründung des Widerstandes und des tätlichen Angriffs gegen Hoheitsträger bei Vollstreckungshandlungen und zur Rechtfertigung etwaiger Straftatbestandsverwirklichungen durch Hoheitsträger. Der Amtsträger muss für die konkrete Handlung zuständig gewesen sein, die wesentlichen Regeln hinsichtlich des „Ob" (Ermächtigungsgrundlage) und des „Wie" (Vollzugsregeln) gewahrt haben, ferner muss das Ermessen pflichtgemäß ausgeübt worden sein und der Amtsträger muss den Willen besessen haben, zum Zweck der Amtsausübung tätig zu sein. Ein unverschuldeter Irrtum des Amtsträgers ist unbeachtlich.

Strafverfolgungshindernis
[§§ 19, 77 ff., 78 ff.; Art. 103 GG]

Umstände des Strafprozessrechts, die der Einleitung und Durchführung eines Strafverfahrens und damit der Verhängung der Strafe entgegenstehen. Die wichtigsten sind die ⇨ Verjährung, entgegenstehende ⇨ Rechtskraft, Strafunmündigkeit, der Tod des Beschuldigten, und der fehlende ⇨ Strafantrag.

Strafzwecktheorie
[§ 24]

Rechtsgrund für die strafbefreiende Wirkung des Rücktritts. Der Zurücktretende hat das Vertrauen der Rechtsbevölkerung in die Geltung des Rechts wieder gestärkt und sich damit nicht mehr als strafwürdig gezeigt.

Straßenverkehr

⇨ Öffentlicher Straßenverkehr

Strenge Schuldtheorie
[§ 17]

Von einer Mindermeinung vertretene Lösung der Fälle irriger Annahme eigener Rechtfertigung ausschließlich nach den Regeln des Verbotsirrtums.

Subjektive Zurechenbarkeit

⇨ Unwesentliche Kausalabweichung

Subsidiarität
★

Prinzip der ⇨ Gesetzeskonkurrenz, wonach eine Strafvorschrift gegenüber einer anderen nur hilfsweise, nämlich bei Nichteingreifen oder Wegfall der vorrangigen zur Anwendung kommen soll. Die Subsidiarität kann gesetzlich angeordnet sein, sog. formelle Subsidiarität (z.B. § 246 I a.E.). Sie kann sich aber auch aus Zweck und Schutzbereich einer Vorschrift als sog. materielle Subsidiarität ergeben, wenn es sich bei der verdrängten Vorschrift um einen weniger intensiven Angriff auf dasselbe Rechtsgut handelt (z.B. § 241 gegenüber § 240).

Subsumtionsirrtum
[§ 17]
★

Rechtsirrige Einordnung unter eine Strafnorm. Erfüllt das Vorgestellte tatsächlich den objektiven Tatbestand eines Strafgesetzes, glaubt der Täter aber infolge seines Subsumtionsirrtums, sich nicht strafbar gemacht zu haben, so lässt dieser Irrtum den Vorsatz unberührt und kann allenfalls zu einem ⇨ Verbotsirrtum führen. Erfüllt das Vorgestellte objektiv keinen Straftatbestand, glaubt der Täter aber, sich strafbar gemacht zu haben, führt der Rechtsirrtum nach einer Ansicht stets wegen Überdehnung des Normbereichs zu einem ⇨ Wahndelikt. Nach der Rspr. kommt ein untauglicher Versuch infrage, wenn der Täter sich eine tatsächlich existierende Strafnorm vorgestellt hat und diese als solche laienhaft richtig bewertet hat.

Suizid

⇨ Selbsttötung

Sukzessive Beihilfe
[§ 27]
★

⇨ Beihilfe nach Beginn der Tatausführung der Haupttat, nach h.M. aber nur bis zur ⇨ Beendigung der Haupttat möglich.

Sukzessive Mittäterschaft
[§ 25 II]
★

Nachträgliche Mitwirkung an einer schon in der Ausführung begriffenen Straftat, die dem Eintretenden das Gesamtgeschehen als ⇨ Mittäter zurechenbar macht, wenn die erbrachten Tatbeiträge das Geschehen überhaupt noch mitgestalten konnten, nach den Kriterien der ⇨ funktionellen Tatherrschaft oder des ⇨ Täterwillens die Gleichrangigkeit mit den übrigen Beteiligten begründen, ferner wenn die übrigen Beteiligten mit dem Tateinstieg einverstanden sind und gemeinsam weiter handeln. Nach teilweiser Auffassung ist die sukzessive Mittäterschaft nur bis zur ⇨ Vollendung möglich, nach der h.M. bis zur ⇨ Beendigung.

Sukzessive Tatbestandserfüllung

Erscheinungsform ⇨ tatbestandlicher Bewertungseinheit durch fortlaufende, „ratenweise" Tatbestandserfüllung.

Tat
[§ 127 I 1 StPO]

Straftat, zumindest als strafbarer Versuch. Nach der materiellen Theorie muss die Straftat tatsächlich begangen worden sein. Nach der prozessualen Theorie genügt ein, allerdings nach den äußeren Umständen zweifelsfreier, dringender Tatverdacht.

Tatbestand
[§ 11 I Nr. 5]

Die Summe der geschriebenen und ungeschriebenen Merkmale eines mit Strafe bedrohten Verbots.

Tatbestandliche Bewertungseinheit

Die bei verschiedenen Straftatbeständen mögliche Verschmelzung scheinbar mehrfacher Deliktserfüllung zu einer einzigen Tathandlung.

Tatbestandsausschließende Einwilligung

⇨ Einverständnis

Tatbestandsirrtum
[§ 16 I 1]
★

Synonym: Tatumstandsirrtum. Unkenntnis eines tatsächlich gegebenen ⇨ Umstandes, der ein Merkmal des objektiven Tatbestands ausfüllt.

Tatbestandsspezifischer Gefahrzusammenhang
[§ 18]
★

Tatbestandsmerkmal jeder ⇨ Erfolgsqualifikation. Erforderlich ist, dass das vorsätzliche Verhalten des Täters nicht nur ursächlich für die erschwerende Folge ist, sondern eine für die Erfolgsqualifikation typische Gefahr des Grunddelikts verwirklicht und sich diese Gefahr in dem konkreten Erfolg niedergeschlagen hat.

Tatbezogene Merkmale
[§ 16]
★

Gesetzliche Merkmale, die im Gegensatz zu ⇨ persönlichen Merkmalen das sachliche Unrecht der Tat kennzeichnen, auch wenn sie subjektiv gefasst sind. Dazu gehören Umstände, die die besondere Gefährlichkeit des Täters (z.B. Bande in § 244) oder die Ausführungsart des Delikts (z.B. heimtückisch in § 211) beschreiben.

Tateinheit
[§ 52]
★

Verwirklichung mehrerer Delikte durch ⇨ Handlungseinheit, ohne dass eines im Wege der ⇨ Gesetzeskonkurrenz zurücktritt. Man unterscheidet gleichartige Tateinheit, wenn durch eine Handlung dasselbe Gesetz mehrfach verletzt wurde, und ungleichartige Tateinheit, wenn durch eine Handlung mehrere verschiedene Strafgesetze verletzt wurden.

Tatentschluss
[§ 22]
★

Endgültiger Handlungswille zur Verwirklichung aller den jeweiligen objektiven Tatbestand ausfüllenden Umstände einschließlich vorsatzbedürftiger Umstände des Allgemeinen Teils sowie das Vorhandensein der deliktsspezifischen subjektiven Tatbestandsmerkmale.

Täter
[§ 25]
★

Jede natürliche Person, die durch eigenes Verhalten oder zurechenbares Fremdverhalten alle objektiven und subjektiven Merkmale einer Straftat verwirklicht hat. Erscheinungsformen: ⇨ unmittelbarer Täter, ⇨ Mittäter, ⇨ mittelbarer Täter.

Täterbezogene Merkmale

⇨ Persönliche Merkmale

Täter hinter dem Täter
[§ 25 I Alt. 2]

Fallgruppe mittelbarer Täterschaft trotz vollverantwortlich handelndem Vordermann. Mittelbarer Täter ist danach der „Schreibtischtäter", der durch Ausnutzung seiner ⇨ Organisationsherrschaft eine Straftat durch andere begehen lässt. Mittelbarer Täter ist nach h. M. auch, wer beim Ausführenden einen Irrtum über den konkreten Handlungssinn seiner Tat erzeugt oder ausnutzt (Unkenntnis der Verwirklichung eines Qualifikationsmerkmals, Identitätstäuschung, vermeidbarer Verbotsirrtum, Irrtum über die Höhe des angerichteten Schadens).

Täterwille

(Lat.: „animus auctoris“) Wertungskriterium der Rspr. zur Abgrenzung des ⇨ Mittäters vom ⇨ Teilnehmer. Täter ist, wer einen beliebigen Tatbeitrag von der Vorbereitung bis zur tatsächlichen Beendigung der Tat mit Täterwillen geleistet hat. Täterwillen besitzt, wer die Tat als eigene will. Indizien sind der Grad des eigenen Interesses am Erfolg, der Umfang der Tatbeteiligung und die Tatherrschaft oder wenigstens der Wille zur Tatherrschaft.

Tatgeneigt

Potenzieller Straftäter, der noch keinen ⇨ Tatentschluss gefasst hat, sondern erst mit der Möglichkeit spielt, eine Straftat zu begehen.

Tatherrschaft
[§ 25]

Wertungskriterium der h.Lit. zur Begründung der Täterschaft bei Vorsatzdelikten, gegeben bei ⇨ funktioneller Tatherrschaft, ⇨ Organisationsherrschaft oder ⇨ Willensherrschaft.

Tätlicher Angriff
[§§ 113, 114]

Jede unmittelbar auf den Körper des Amtsträgers abzielende feindselige Aktion, unabhängig davon, ob zusätzlich Widerstandstendenz vorliegt oder nicht.

Tatmehrheit
[§ 53]
★

Verwirklichung mehrerer selbstständiger Delikte durch ⇨ Handlungsmehrheit. Man unterscheidet gleichartige Tatmehrheit, wenn durch mehrere Handlungen dasselbe Strafgesetz mehrmals verletzt wurde, und ungleichartige Tatmehrheit, wenn durch mehrere selbstständige Handlungen verschiedene Strafgesetze verletzt wurden.

Tatort
[§ 9]

Der Ort, an dem die Straftat begangen worden ist, nämlich entweder der ⇨ Handlungsort oder der ⇨ Erfolgsort.

Tatsachen
[§§ 185 ff., 263]
★

Alle konkreten Zustände und Geschehnisse der Vergangenheit oder Gegenwart, die die Außenwelt oder psychische Vorgänge betreffen und dem Beweis zugänglich sind.

Tatsachenalternativität

⇨ unechte Wahlfeststellung

Tatstrafrecht
[§ 1]

Wesensmerkmal der Strafe. Gegenstand des strafrechtlichen Tadels ist allein die in der Überschreitung des Verbots liegende Rechtserschütterung.

Täuschungshandlung
[§ 263]
★

Intellektuelle Einwirkung auf das Vorstellungsbild eines anderen durch ausdrückliche oder schlüssige Behauptung unwahrer Tatsachen oder als Unterlassungstat durch garantenpflichtwidrige Nichtbeseitigung eines ⇨ Irrtums.

Täuschungswille im Rechtsverkehr
[§ 267]
★

Direkter Vorsatz, einen anderen über die Echtheit der Urkunde zu täuschen, um dadurch irgendein rechtlich erhebliches Verhalten zu erreichen.

Technische Aufzeichnung
[§ 268]

Legaldefiniert in § 268 II, wobei die h.M. unter „Darstellung" versteht, dass die Information auf einem vom Gerät abtrennbaren Stück enthalten sein muss und unter „selbsttätig", dass durch das Gerät neue Informationen geschaffen werden.

Teile der Bevölkerung
[§ 130]

Jede Personenmehrheit von gewissem Umfang, die sich durch irgendein äußeres oder inneres Merkmal aus der inländischen Bevölkerung heraushebt, z.B. nationale, ethnische, religiöse, politische, wirtschaftliche, berufliche oder soziale Gruppierungen.

Teilnehmer
[§§ 26, 27, 28 I]
★

In § 28 I legaldefinierter Oberbegriff für ⇨ Anstifter und ⇨ Gehilfen einer Vorsatztat. Teilnehmer sind im Verhältnis zu ⇨ Tätern Mitwirkende an einer für sie fremden Vorsatztat.

Teilnehmerwille
[§§ 26, 27]
★

(Lat.: „animus socii") Gegenbegriff zum ⇨ Täterwillen. Teilnehmerwillen besitzt, wer die Tat als fremde will.

Teilverwirklichung
[§ 22]

Erfüllung eines Tatbestandsmerkmals bei einem ⇨ mehraktigen Delikt, die stets ⇨ unmittelbares Ansetzen zum Versuch begründet, wenn das Delikt in einem Zuge vollendet werden soll.

Teilweise vereiteln
[§§ 258, 258 a]

Jede Handlung, die bewirkt, dass das Strafverfahren für den Täter zu einer geringeren Bestrafung führt, als dies nach der objektiven Rechtslage erforderlich gewesen wäre.

Teleologische Auslegung

⇨ Schutzzweckzusammenhang

Territorialitätsprinzip
[§ 3]

Grundsatz zur Anwendbarkeit deutschen Strafrechts für Straftaten, die – gleichviel, ob von Deutschen oder Ausländern – im deutschen Inland begangen worden sind.

Töten
[§§ 211 ff.]
★

Jede aktive Lebensverkürzung oder garantenpflichtwidrige Untätigkeit zur Verhinderung einer sonst sicher bewirkten Lebensverlängerung.

Tötungsverlangen
[§ 216]

Aufforderung des Opfers mit dem Ziel, den anderen zur eigenen Tötung zu bestimmen.

Treubruch
[§ 266 I Alt. 2]
★

Jedes Handeln oder Unterlassen, das im Widerspruch zu einer spezifischen Treuepflicht (nicht nur zu einer allgemeinen Schuldnerpflicht) steht und die Interessen des betreuten Vermögensträgers verletzt.

Unübersichtliche Stelle
[§ 315 c I Nr. 2 d]

Örtlichkeit, wo der Fahrzeugführer den Verkehrsablauf wegen ungenügenden Überblicks über die Fahrbahn oder deren Umgebung nicht vollständig einsehen, deshalb Hindernisse und Gefahren nicht rechtzeitig bemerken und ihnen nicht sicher begegnen kann.

Übergesetzlicher entschuldigender Notstand
[§ 35 analog]

Gesetzlich nicht geregelter Fall gegenwärtiger Lebensgefahr, deren Abwendung weder von § 34 noch von § 35 gestattet wird, bei der der Täter aber aus einem schweren Gewissenskonflikt ein Rechtsgut verletzt hat, um sich nicht durch Untätigkeit in moralische Schuld zu verstricken. Nach einer Ansicht muss der Täter bei ethischer Gesamtbewertung das „geringere Übel" gewählt haben. Die Gegenansicht lässt den Gewissenskonflikt ausreichen, entschuldigt aber nur die Opferung eines auch ohne den Eingriff nicht mehr zu rettenden Rechtsguts. Dem in Gefahr Geratenen darf analog § 35 I 2 nicht zumutbar sein, die Gefahr hinzunehmen, und der Handelnde muss nach gewissenhafter Prüfung der Lage und in der Absicht der Gefahrenabwehr tätig geworden sein.

Überholen
[§ 315 c I Nr. 2 b]

Weitergehend als „Überholen" i.S.d. StVO jedes Vorbeifahren von hinten an sich in derselben Richtung bewegenden oder verkehrsbedingt haltenden Fahrzeugen, das unter Benutzung von Flächen erfolgt, die nach den örtlichen Gegebenheiten mit der Fahrbahn einen einheitlichen Straßenraum bilden, einschließlich Seiten- und Grünstreifen, Ein- oder Ausfädelspuren und lediglich durch Bordsteine abgesetzte Rad- oder Gehwege.

Überholende Kausalität

Wirkung einer späteren Handlung in einem Erfolg vor Wirksamwerden einer früher in Gang gesetzten Ursachenkette. Kausal i.S.d. ⇨ conditio-sine-qua-non-Formel ist nur die spätere Handlung. Hinsichtlich der früheren Handlung liegt ein Abbruch der Kausalität vor.

Überlassen eines Ausweises [§ 281]

Übertragung der Verfügungsgewalt an einem Ausweis auf einen anderen, sodass dieser in die Lage versetzt wird, das Papier zu gebrauchen.

Überwachungsgarant [§ 13] ★

Person, der Sicherungs- oder Beherrschungspflichten in Bezug auf eine bestimmte Gefahrenquelle obliegen. Entstehungsgründe: aus Rechtssatz, ⇨ Ingerenz, aus Beherrschung einer in den eigenen Zuständigkeitsbereich fallenden Gefahrenquelle oder aus der Pflicht zur Beaufsichtigung unterstellter Personen.

Umgekehrter Erlaubnisirrtum

⇨ Wahndelikt

Umgekehrter Subsumtionsirrtum

⇨ Wahndelikt

Umgekehrter Tatbestandsirrtum [§ 22]

Irrige Annahme eines tatsächlich nicht gegebenen Sachverhalts, bei dessen Vorliegen ein Straftatbestand erfüllt wäre. Diese Fehlvorstellung führt i.d.R. zum ⇨ untauglichen Versuch.

Umgekehrter Verbotsirrtum

⇨ Wahndelikt

Umschlossener Raum
[§ 243 I 2 Nr. 1]
★

Raumgebilde, das zumindest auch zum Betreten – nicht notwendig zum Aufenthalt – von Menschen bestimmt und mit mindestens teilweise künstlichen Vorrichtungen zur Abwehr des Eindringens versehen ist.

Umstand
[§ 16 I 1]
★

Vorsatzgegenstand. Gesamtheit aller das jeweilige Tatbestandsmerkmal ausfüllenden Tatsachen, ferner, soweit es um rechtliche Verhältnisse oder Gegebenheiten geht, deren sozialer Sinngehalt bzw. deren in laienhaft vereinfachter Weise zu umschreibende Bedeutung.

Unbeendeter Versuch
[§ 24 I 1 Alt. 1]
★

Der Täter darf nach seiner Vorstellung noch nicht alles getan haben, was zur Erfüllung des Tatbestandes erforderlich ist.

Unbefugte Ausübung eines öffentlichen Amtes
[§ 132 Alt.1]

Der Täter muss sich ausdrücklich oder schlüssig als Inhaber eines öffentlichen Amtes ausgeben und er muss eine in dem Tätigkeitsbereich dieses angemaßten Amtes liegende Handlung vornehmen.

Unbefugte Datenverwendung [§ 263 a I Mod. 3] ★	Nach herrschender betrugsspezifischer Auslegung; nur derjenige, der „täuschungsäquivalent" gegenüber dem Automaten eine nicht vorhandene Berechtigung zur Nutzung der Karte vorspiegelt (also nur derjenige, der sich durch verbotene Eigenmacht in den Besitz der Karte gebracht hat). Nach subjektivierender weiter Auslegung jeder, der die Daten entgegen dem Willen des Datenverfügungsberechtigten benutzt (also auch der Kontoinhaber, dem die Kartennutzung vom Kreditinstitut untersagt worden ist).
Unbewusst fahrlässig [§ 15]	Gesetzlich nicht benannte Form der Fahrlässigkeit, die erfüllt ist, wenn der Täter den Erfolg nicht voraussieht, sich aber der Möglichkeit eines Schadens bewusst sein müsste und könnte.
Unbrauchbar machen [§§ 274 I Nr. 2, 303 a]	Beeinträchtigung der Gebrauchsfähigkeit, sodass eine zweckentsprechende Verwendung ausgeschlossen ist.
Unechte Konkurrenz	⇨ Gesetzeskonkurrenz
Unechte technische Aufzeichnung [§ 268]	Eine ⇨ technische Aufzeichnung stammt nicht aus dem technischen Gerät, auf das das Erscheinungsbild hinweist. Gleichgestellt nach § 268 III ist die durch störende Einwirkung auf den Aufzeichnungsvorgang entstandene technische Aufzeichnung.

Jede Urkunde, die nicht von demjenigen stammt, der in ihr als ⇨ Aussteller bezeichnet ist, sog. Identitätstäuschung.

Unechte Urkunde
[§ 267]

Synonym: gleichartige Wahlfeststellung. Fallkonstellation, bei der sicher ist, dass der Betroffene einen bestimmten Straftatbestand verwirklicht hat, aber unklar ist, durch welche Handlung dies geschah. Bei einer solchen Tatsachenalternativität erfolgt eine eindeutige Verurteilung aus der verwirklichten Strafnorm.

Unechte Wahlfeststellung

Betrug im Zusammenhang mit der Abwicklung eines Vertrags, bei dem das Opfer bereits bei Vertragsschluss getäuscht worden ist und dann in Fortwirkung der ersten Täuschung die vertraglich geschuldeten, aber nicht äquivalenten Leistungen ausgetauscht wurden. Hier bildet der unechte Erfüllungsbetrug mit dem ⇨ Eingehungsbetrug eine ⇨ tatbestandliche Bewertungseinheit.

Unechter Erfüllungsbetrug
[§ 263]
★

⇨ Urkunde, in der über die Identität des ⇨ Ausstellers getäuscht wird.

Unechte Urkunde
[§ 267]
★

Unechtes Unterlassungsdelikt
[§ 13]
★

Vorsatz- oder Fahrlässigkeitsdelikt, bei dem der tatbestandliche Erfolg auf Untätigkeit beruht, aber dem Unterlassenden nur unter den zusätzlichen Voraussetzungen des § 13 so angelastet werden kann, als wenn er ihn durch aktives Tun herbeigeführt hätte.

Unechtes Unternehmensdelikt
[z.B. §§ 113, 257, 292]

Tatbestand, bei dem die Tathandlung, ohne dass der Gesetzgeber dafür das Wort ⇨ unternehmen gebraucht, schon dann vollendet ist, wenn der Täter in versuchsähnlicher Weise zur Rechtsverletzung ansetzt.

Unfall im Straßenverkehr
[§ 142]
★

Jedes plötzliche Ereignis im Straßenverkehr, das einen nicht ganz unerheblichen, beweissicherungsbedürftigen Personen- oder Sachschaden zur Folge hat und das mit den typischen Gefahren des Straßenverkehrs im inneren Zusammenhang steht.

Unfallort
[§ 142]
★

Der geographische Bereich, in dem der Unfallbeteiligte seine Pflicht, einem Berechtigten seine Unfallbeteiligung zu offenbaren, erfüllen kann, oder in dem – unabhängig davon – eine feststellungsbereite Person den Wartepflichtigen vermutet und ggf. durch Befragen ermitteln würde. Abhängig von der Verkehrssituation zwischen 20 m und 250 m von der Schadenstelle.

Ungleichartige Tateinheit

⇨ Tateinheit

Ungleichartige Tatmehrheit

⇨ Tatmehrheit

Unglücksfall
[§§ 315 III Nr. 1 a, 323 c]
★

Jedes, zumindest für den Betroffenen plötzlich eintretende Ereignis, bei dem aufgrund tatsächlich gegebener Umstände eine erhebliche Gefahr für Personen oder bedeutende Sachwerte bestand.

Universalrechtsgüter

⇨ kollektive Rechtsgüter

Unmittelbarer Täter
[§ 25 I Alt. 1]

Jede natürliche Person, die den Tatbestand durch eigenes Handeln oder durch garantenpflichtwidriges Geschehenlassen eines Naturkausalverlaufs verwirklicht hat.

Unmittelbares Ansetzen
[§ 22]
★

Der Täter muss subjektiv die Schwelle zum „Jetzt geht es los“ überschritten haben und objektiv zur tatbestandsmäßigen Angriffshandlung angesetzt haben, sodass sein Tun ohne wesentliche Zwischenakte, d.h. ohne einen weiteren Willensimpuls, in die Erfüllung des Tatbestandes übergehen kann.

Unrechtsbewusstsein
[§ 17]
★

Nach der in § 17 verankerten ⇨ Schuldtheorie Element der Schuld. Der Täter hat Unrechtsbewusstsein im Tatzeitpunkt, wenn er schon mit der Möglichkeit rechnet, gegen irgendwelche Normen des Rechts zu verstoßen. Auch wer ein solches Bewusstsein nicht besaß, kann aus Vorsatz- oder Fahrlässigkeitstat bestraft werden, wenn er nur die Möglichkeit hatte, durch Anspannung aller Erkenntniskräfte das Unrechtsbewusstsein zu bilden. Dies folgt aus § 17 S. 2, der in solchen Fällen allenfalls eine Strafmilderung ermöglicht. Es genügt also für die Strafbarkeit sog. potenzielles Unrechtsbewusstsein.

Unrechtsvereinbarung
[§§ 299, 331 ff.]

Beziehungsverhältnis zwischen dem ⇨ Vorteil und der Dienstausübung bzw. konkreten Diensthandlung.

Untauglicher Versuch
[§§ 22, 23]
★

Strafbarer Versuch, der auf einem umgekehrten ⇨ Tatbestandsirrtum beruht, aber tatsächlich nicht zu einer Rechtsgutgefährdung führen kann, entweder wegen Untauglichkeit des Tatobjekts oder wegen Untauglichkeit des Tatsubjekts oder wegen mangelnder Erfolgseignung des eingesetzten Mittels.

Unterdrücken
[§§ 274 I Nr. 1, Nr. 2, 303 a]

Nur zeitweilige Entziehung des Tatobjekts gegenüber dem Zugriff des Berechtigten.

Unterhalten eines Irrtums
[§ 263]

Verhindern oder Erschweren der Aufklärung sowie das Bestärken einer bereits vorhandenen Fehlvorstellung.

Unternehmen
[§ 11 I Nr. 6]

Ausdrücklich im jeweiligen Tatbestand benutzte Umschreibung der Tathandlung, durch die der Versuch der Vollendung gleichgestellt wird.

Unterlassungsdelikt
[§§ 13, 138, 142 I, 323 c]
★

Modalität der Verwirklichung eines Vorsatz- oder Fahrlässigkeitsdelikts, die als Tathandlung an Untätigkeit anknüpft. Man unterscheidet echte Unterlassungsdelikte, bei denen schon als Tathandlung die Untätigkeit benannt wird, und unechte Unterlassungsdelikte, bei denen die Untätigkeit unter den Voraussetzungen des § 13 der in der Verbotsnorm genannten aktiven Tathandlung gleichgestellt wird.

Unübersichtliche Stelle
[§ 315 c I Nr. 2 d]

Jede Örtlichkeit, bei der die Straßenverhältnisse keinen hinreichenden Überblick über den Straßenverlauf gewähren oder wenn Umstände, wie Nebel, Dunkelheit usw., ein Überblicken der Strecke erschweren.

Unverzügliche Nachholung von Feststellungen
[§ 142 II]

Nachträgliche Ermöglichung der Feststellung ohne schuldhaftes Zögern, wobei der Unfallbeteiligte nur den Weg der Nachholung beschreiten darf, der im Vergleich zu den anderen Möglichkeiten dem Unverzüglichkeitsgebot gerecht wird.

Unwesentliche Kausalabweichung
[§ 16]

Abweichungen des verwirklichten von dem vorgestellten Kausalverlauf, die sich im Rahmen des nach der Lebenserfahrung Vorhersehbaren halten und keine andere Bewertung der Tat rechtfertigen. Solche Kausalverläufe sind dem Täter subjektiv zurechenbar und lassen den Vorsatz unberührt.

Unzumutbarkeit
[§§ 13, 15]

Entschuldigungsgrund des ⇨ Fahrlässigkeitsdelikts; Tatbestandskorrektiv (nach a.A. Entschuldigungsgrund) beim ⇨ unechten Unterlassungsdelikt. Einzelfallumstände, die im Rahmen einer Gesamtabwägung ein so starkes Gewicht haben, dass vom Täter kein normgemäßes Verhalten mehr verlangt werden kann.

Urkunde
[§§ 267, 274]

Jede Verkörperung einer allgemein oder wenigstens für die Beteiligten verständlichen menschlichen Gedankenerklärung, die geeignet und bestimmt ist, eine außerhalb ihrer selbst liegende Tatsache im Rechtsverkehr zu beweisen und die ihren ⇨ Aussteller wenigstens für die Beteiligten erkennen lässt.

Selbstständig strafbare Übereinkunft mehrerer Beteiligter zur ⇨ Mittäterschaft (oder Anstiftung) zu einem Verbrechen.	**Verabredung** [§ 30 II Fall 3]
Inhaltliche Umgestaltung	**Verändern** [§§ 274 I Nr. 2, 303 a]
Jede Einwirkung auf die Oberfläche des Tatobjekts, durch die der optische Eindruck beeinträchtigt wird, aber auch jede Behinderung der Erscheinung sowie die Verhinderung der optischen Wahrnehmung.	**Veränderung des Erscheinungsbildes** [§ 303 II]
Jede rechtsgeschäftliche Verfügung, durch die ein dem Zugriff des Gläubigers unterliegendes Vermögensstück aus dem Schuldnervermögen ausgeschieden wird.	**Veräußern** [§ 288]
Fehlendes Unrechtsbewusstsein infolge Rechtsirrtums des Täters.	**Verbotsirrtum** [§ 17] ★
Rechtswidrige Taten, die im Mindestmaß mit Freiheitsstrafe von 1 Jahr oder darüber bedroht sind.	**Verbrechen** [§ 12 I] ★

Verdächtigen
[§ 164]
★

Behauptung von Tatsachen, die auf die Beteiligung an einer Straftat hindeuten, aber auch Schaffung einer verdächtigenden Beweislage, ohne dass der Täter gegenüber den Strafverfolgungsbehörden in Erscheinung tritt.

Verdeckungsabsicht
[§ 211 II]
★

Zielgerichteter Wille des Tötungstäters, durch die Tötungshandlung das Bekanntwerden oder die Verstärkung eines Verdachts durch das Tatopfer oder einen Dritten wegen einer nach der Vorstellung des Täters von ihm oder einem anderen begangenen rechtswidrigen Tat im Sinne des § 11 I Nr. 5 zu verhindern, um dadurch strafrechtlichen oder außerstrafrechtlichen Konsequenzen zu entgehen.

Vereinigungsformel
[§§ 242, 249]
★

Zueignungsobjekt ist entweder die Sache selbst oder der in ihr verkörperte sog. ⇨ funktionsspezifische Sachwert.

Verfälschen
[§ 267 I Mod. 2]
★

Jede nachträgliche Veränderung des gedanklichen Inhalts einer echten ⇨ Urkunde, durch die der Anschein erweckt wird, als habe der ⇨ Aussteller die Erklärung mit dem Inhalt abgegeben, den die Urkunde erst durch die Inhaltsänderung erlangt hat.

Verfolgt
[§ 127 I 1 StPO]

Nacheile gegenüber einer Person, die sich bereits vom Tatort entfernt hat, auf die sichere Anhaltspunkte als Beteiligter einer Straftat hinweisen und die ergriffen werden soll.

Vergehen
[§ 12 II]
★

Rechtswidrige Taten, die im Mindestmaß mit einer geringeren Freiheitsstrafe als 1 Jahr oder die mit Geldstrafe bedroht sind.

Vergeistigter Gewaltbegriff

⇨ Gewalt

Verhaltensgebundene Delikte
[§§ 240, 253, 263]

Straftatbestände, in denen der Gesetzgeber nicht jede beliebige Verursachung des Erfolgs ausreichend sein lässt, sondern eine bestimmte Art und Weise der Tathandlung verlangt.

Verhaltensneutrale Delikte
[§§ 212, 223]

Straftatbestände, bei denen der tatbestandliche Erfolg durch jede beliebige Handlung herbeigeführt werden kann.

Verhindern der Tatvollendung
[§§ 24 I 1Alt. 2, 24 II 1]
★

Entfaltung einer Gegenaktivität, die für das Ausbleiben des Erfolgs zumindest mitursächlich geworden ist. Darauf, ob der Täter hätte mehr tun können, kommt es nach h.M. nicht an.

Verjährung
[§§ 78 ff.]

Verzicht des Staates, nach einem bestimmten, gesetzlich vorgeschriebenen Zeitraum gegen einen Straftäter noch mit Mitteln des Strafrechts vorzugehen. Mit Eintritt der Strafverfolgungsverjährung tritt ein ⇨ Strafverfolgungshindernis ein.

Verlangen
[§§ 216, 218 a I Nr. 1]

Gesteigerte Form der ⇨ Einwilligung durch Aufforderung zur Tat vonseiten des Betroffenen.

Vermögen
[§§ 253, 255, 263, 266]
★

Gesamtheit der wirtschaftlichen Güter eines Rechtsträgers, die zum Wirtschaftsverkehr gehören. Nach dem wirtschaftlichen Vermögensbegriff kommt es nicht darauf an, ob sie dem Inhaber rechtlich zustehen oder nicht. Nach dem juristisch-ökonomischen Vermögensbegriff darf die fragliche Position nicht von der Rechtsordnung missbilligt sein.

Vermögensgefährdung
[§§ 263, 266]

⇨ Gefährdungsschaden

Vermögensbetreuungspflicht
[§ 266 I]
★

Fremdnütziger Pflichtenkreis, der dem Verpflichteten einen gewissen Grad an Selbstständigkeit zuweist und bei Verträgen eine der Hauptpflichten ausmacht.

Vermögensschaden
[§§ 253, 263, 266]
★

Synonym: Vermögensnachteil. Durch Vergleich der Vermögenslage vor und nach der vermögensmindernden Handlung des Täters (§§ 253, 266) oder des Verfügenden (§ 263) ergibt sich, dass die durch die Verfügung eingetretene Vermögensminderung nicht durch ein objektiv-individuelles vermögenswertes Äquivalent ausgeglichen worden ist.

Vermögensverfügung
[§ 263]
★

Ungeschriebenes Tatbestandsmerkmal, das jedes Tun, Dulden oder Unterlassen erfasst, welches unmittelbar zu einer Minderung des ⇨ Vermögens führt. Liegt die Minderung in dem Verlust oder der wirtschaftlichen Verschlechterung eines Rechts oder einer Forderung, muss das Opfer sich dessen nicht bewusst gewesen sein. Geht es um die täuschungsbedingte Erlangung einer Sache, muss sich das Opfer ausnahmsweise darüber bewusst sein, den Gewahrsam endgültig und ohne dominierenden Zwang zu verlieren.

Vermögensverfügung
[§§ 253, 255]

Nach dem Schrifttum im Gegensatz zur Rspr.: Restriktion der Merkmale „Tun, Dulden, Unterlassen" bei der Erpressung, die voraussetzt, dass das Opfer einen aus Tätersicht notwendigen Mitwirkungsakt zur Herbeiführung des Vermögensschadens ausführt.

Vernichten
[§ 274]

⇨ zerstören

Verschlossenes Behältnis
[§ 243 I 2 Nr. 2]
★

Behältnis, dessen Inhalt aufgrund besonderer Sicherheitsvorkehrungen nicht ohne Weiteres zugänglich ist und bei dem der Verschluss gerade die Funktion hat, den Inhalt vor ordnungswidrigem Zugriff zu schützen.

Versetzen in hilflose Lage
[§ 221 I Nr. 1]

Jede Herbeiführung einer vorher noch nicht vorhandenen ⇨ hilflosen Lage, nicht notwendig durch räumliche Trennung.

Versicherung an Eides statt
[§ 156]

Eine den Erklärenden sofort bindende Bekräftigung der Wahrheit, wobei der Inhalt der Erklärung den Willen erkennen lassen muss, dass sie eidesgleich bekräftigt wird.

Verstorbener
[§§ 168, 189]

Jedes Individuum, das vormals lebender ⇨ Mensch gewesen ist, ab dem Zeitpunkt seines Gesamthirntods.

Verstrickung
[§ 136]

Mit der ⇨ Pfändung oder ⇨ Beschlagnahme beweglicher Sachen oder Grundstücke begründetes öffentlich-rechtliches Gewaltverhältnis über den Gegenstand.

Versuch
[§§ 22 ff.]
★

Das subjektiv auf Vollendung gerichtete und begonnene, aber aus tatsächlichen oder rechtlichen Gründen nicht vollständig verwirklichte Vorsatzdelikt.

Versuchte Anstiftung
[§ 30 I]

Strafbare Vorstufe der Tatbeteiligung, wenn die angesonnene Tat ein Verbrechen sein sollte; nicht nur bei erfolgloser Anstiftung, sondern auch bei erfolgreicher Anstiftung erfüllt, wenn die Haupttat nicht ins Versuchsstadium gelangt ist.

Verteidigungshandlung
[§ 32]
★

Notwehrhandlung, die in Rechtsgüter des Angreifers, nicht aber in Rechtsgüter Dritter, unbeteiligter Personen, eingreift.

AB CD EF GH IJK LM NO PQ RS TU VW XYZ

Verteidigungswille [§ 32] ★

Kenntnis der Umstände, die die Notwehrlage begründen und die die Erforderlichkeit der konkret gewählten Verteidigungshandlung ausmachen. Die Rspr. fordert darüber hinaus Verteidigungsabsicht, also den zielgerichteten Willen, auch zum Zweck der Rechtfertigung zu handeln.

Vertrauensgrundsatz [§ 15]

Sorgfaltspflichtbegrenzung beim ⇨ Fahrlässigkeitsdelikt im Straßenverkehr oder in Fällen horizontaler Arbeitsteilung. Jeder braucht nur sein eigenes Verhalten darauf einzurichten, dass er selbst nicht fremde Rechtsgüter verletzt und deshalb darauf vertrauen darf, dass sich andere auch sorgfaltsgemäß verhalten.

Verwenden [§ 250 II Nr. 1] ★

Tatsächlicher Einsatz einer ⇨ Waffe oder eines ⇨ gefährlichen Werkzeugs als Raubmittel auch nur zur Drohung, wenn das Opfer den eingesetzten Gegenstand wahrgenommen hat. Eine Realisierung des in dem Gegenstand enthaltenen Verletzungspotenzials ist nicht erforderlich.

Verwerflichkeit [§§ 240 II, 253 II]

Sittliche Missbilligung des Mittels der Gewalt oder der Drohung oder der Verknüpfung beider mit dem durch die Nötigung angestrebten Zweck.

---

vis absoluta
[§§ 240, 249, 252, 253, 255]

(Lat.) „Absolute ⇨ Gewalt", die bewirkt, dass die Willensbildung des Opfers ganz unterdrückt wird.

---

vis compulsiva
[§§ 240, 249, 252, 253, 255]

(Lat.) „Willensbeugende ⇨ Gewalt", bei der der körperliche Zwang den Willen des Opfers beeinflusst, das vom Täter gewollte Tun, Dulden oder Unterlassen vorzunehmen.

Vollendung

Der Zeitpunkt, in dem alle Tatbestandsmerkmale einer Straftat verwirklicht sind.

Vorhersehbarkeit

⇨ Inadäquanz

Vorsatz
[§§ 15, 16]
★

Gängige Definition: Wissen und Wollen der Tatbestandsverwirklichung. Präziser: Zumindest Fürmöglichhalten und Billigung im Zeitpunkt der versuchsüberschreitenden Handlung bzgl. aller ⇨ Umstände, die zum gesetzlichen Tatbestand gehören.

Vorsatz-Fahrlässigkeits-Kombination
[§§ 11 II, 18]

Mischtatbestände, bei denen für die Handlung Vorsatz verlangt wird und hinsichtlich einer dadurch ausgelösten Folge Fahrlässigkeit ausreicht. Bei strafbegründenden Vorsatz-Fahrlässigkeits-Kombinationen ist der Vorsatzteil für sich gesehen nicht strafbar (z.B. § 315 b IV). Strafschärfende Vorsatz-Fahrlässigkeits-Kombinationen sind ⇨ Erfolgsqualifikationen.

Vorteil
[§§ 299, 331 ff.]

Jede Zuwendung, auf die der Vorteilsempfänger keinen Rechtsanspruch hat und die seine wirtschaftliche, rechtliche oder auch nur persönliche Lage, wenn auch nur mittelbar, objektiv messbar und über die Sozialüblichkeit hinaus verbessert.

Vorteilssicherungsabsicht
[§ 257]

Zielgerichteter Wille, die unmittelbaren Vorteile der Vortat zugunsten des Vortäters zu sichern und als Zwischen- oder Endziel die Wiederherstellung des gesetzmäßigen Zustands zu vereiteln.

Waffe
[§§ 113 II 2 Nr. 1, 224 I Nr. 2, 244 I Nr. 1 a, 250 I Nr. 1 a]

Jeder Gegenstand, der nach seiner objektiven Beschaffenheit und seinem Zustand zur Zeit der Tat bei bestimmungsgemäßer Verwendung gegen Menschen geeignet war, erhebliche Verletzungen zuzufügen.

Wahlfeststellung

⇨ echte Wahlstellung, ⇨ unechte Wahlfeststellung

Wahndelikt

Strafloser Rechtsirrtum mit der Folge irriger Annahme eigener Strafbarkeit. Erscheinungsformen: Der Täter nimmt zu seinen Ungunsten irrig an, sein Verhalten erfülle einen in Wahrheit nicht existierenden Straftatbestand; der Täter überdehnt den Normbereich einer tatsächlich existierenden Strafnorm; der Täter verengt rechtsirrig den Anwendungsbereich eines anerkannten Rechtfertigungsgrundes zu seinen Ungunsten.

Wegnahme
[§ 168]

Bruch eines faktischen Obhutsverhältnisses, nicht notwendig des Gewahrsams gegenüber dem Totensorgeberechtigten und nicht notwendig Begründung neuen Gewahrsams.

Wegnahme
[§ 242]
★

Bruch fremden und Begründung neuen, nicht notwendig tätereigenen ⇨ Gewahrsams.

Wegnahme
[§ 249]
★

Nach allen Ansichten Bruch fremden und Begründung neuen Gewahrsames. Nach der Rspr. aber nur dadurch, dass der Täter selbst die Sache nach dem äußeren Erscheinungsbild des Geschehens an sich bringt. Nach der Lit. kann die Gewahrsamsverschiebung auch durch das Opfer selbst bewirkt worden sein, wenn es in der Vorstellung handelt, den Gewahrsamsverlust wegen der Übermacht des Täters ohnehin nicht verhindern zu können.

Wegnahme
[§ 289]

Jede Fortschaffung der Sache aus dem besitzähnlichen, rechtlich fundierten Machtbereich des Rechtsinhabers, der diesem die faktische Zugriffsmöglichkeit auf die Sache gewährt.

Wehrlosigkeit
[§ 211 II]
★

Untervoraussetzung für ⇨ heimtückische Tötung. Das Opfer ist infolge seiner ⇨ Arglosigkeit zur Verteidigung außerstande oder in seiner Verteidigung stark eingeschränkt.

Wertsummentheorie
[§§ 242, 246, 249]

Meinung der Lit., die im Gegensatz zur Rspr. eine Geldschuld als Anspruch auf eine in beliebigen Zahlungsmitteln verkörperte Wertsumme ansieht. Folge: Die eigenmächtige Durchsetzung einer solchen Geldschuld steht nicht im Widerspruch zur Eigentumsordnung. Es entfällt schon die objektive Rechtswidrigkeit der erstrebten Zueignung.

Werturteil
[§ 185]
★

Im Gegensatz zur Äußerung einer ⇨ Tatsache jede Kundgabe, die durch Elemente der Stellungnahme, des Dafürhaltens oder Meinens geprägt ist und deren Richtigkeit oder Unrichtigkeit Sache persönlicher Überzeugung und mangels überprüfbarer Tatsachen nicht dem Wahrheitsbeweis zugänglich ist.

Solche Teile des Körpers, die mit dem Rumpf oder einem anderen Körperteil durch Gelenke verbunden sind und für das Tatopfer aufgrund seiner individuellen körperlichen Besonderheiten oder Vorschädigungen für die normalen körperlichen Verrichtungen erforderlich sind.

Wichtiges Glied
[§ 226 I Nr. 2]
★

Jede aktive Tätigkeit gegenüber dem Vollstreckungsbeamten, die die Durchführung einer Maßnahme verhindern oder erschweren soll.

Widerstand leisten
[§ 113]

Form der ⇨ Tatherrschaft des ⇨ mittelbaren Täters. Sie ergibt sich aus einem Strafbarkeitsmangel des Vordermanns (Tatbestandslosigkeit, Rechtfertigung, Schuldlosigkeit) und einem korrespondierenden Mehrwissen oder überlegenen Willen des Hintermanns.

Willensherrschaft
[§ 25 I Alt. 2]

⇨ direkter Vorsatz

Wissentlich

Ein Raum oder die zusammenhängende Mehrheit von Räumen, die Menschen zumindest als Unterkunft dienen oder zur Benutzung freistehen soll, wie Treppen, Flure oder Keller.

Wohnung
[§ 123 I]
★

Wohnung
[§ 244 I Nr. 3]
★

Nur solche – wenn auch beweglichen – Räumlichkeiten, die als Mittelpunkt des privaten Lebens Selbstentfaltung – Entlastung und vertrauliche Kommunikation – gewährleisten (bei gemischt genutzten Gebäuden muss der Täter „in" die Wohnung einbrechen etc.).

Wohnung
[§ 306 a]

Alle abgeschlossenen Raumgebilde, die für Menschen als Lebensmittelpunkt dienen.

Zerstören
[§ 303 I]
★

Eine so wesentliche ⇨ Beschädigung, dass die beeinträchtigte Sache für ihren Zweck völlig unbrauchbar wird.

Zerstören durch Brandlegung
[§§ 306 ff.]
★

Einsatz eines Brandmittels, dessen brandtypisches Risiko zu einer – nicht notwendig durch offene Flamme – vollständigen oder teilweisen Aufhebung der im jeweiligen Tatbestand geschützten Funktion des Tatobjekts für eine beträchtliche Zeit führt.

Zueignung
[§ 246]
★

Jedes Verhalten, das für einen gedachten, das äußere Gesamtgeschehen überblickenden Beobachter den sicheren Schluss darauf zulässt, dass der Täter die Sache oder ihren ⇨ funktionsspezifischen Sachwert eigener Verfügungsmacht oder der Verfügungsmacht eines Dritten einverleiben und den Eigentümer auf Dauer aus seiner Position verdrängen will.

Zueignungsabsicht
[§§ 242, 249]
★

⇨ Absicht der ⇨ Aneignung und zumindest ⇨ Eventualvorsatz der ⇨ Enteignung bezüglich der Sache oder ihres ⇨ funktionsspezifischen Sachwerts durch Anmaßung eigentümerähnlicher Befugnisse.

Zufallsurkunde
[§ 267]

Unterfall der ⇨ Urkunde, deren Beweisbestimmung nachträglich durch den ursprünglichen Aussteller oder durch Dritte entstanden ist.

Zumutbar

⇨ Unzumutbarkeit

Zusammengesetzte Urkunde
[§§ 267, 274]
★

Sonderform der ⇨ Urkunde, bei der eine verkörperte Gedankenerklärung mit einem Bezugsobjekt räumlich fest zu einer Beweiseinheit verbunden ist, mit der Folge, dass der Bestands- und Echtheitsschutz auf die gesamte Beweiseinheit bezogen wird.

Zustandsdelikte

Unterfall des ⇨ Erfolgsdelikts, bei dem die tatbestandlich umschriebene Rechtsverletzung in einem widerrechtlichen Zustand bestehen muss (z.B. § 212: Tod eines Menschen).

Zweckverfehlung
[§ 263]
★

Rückausnahme zur ⇨ bewussten Selbstschädigung, die dann den Betrug vollendet, wenn das Opfer zwar wusste, dass es mit der einseitigen Leistungshingabe sein Vermögen mindern werde, aber mit der Leistung einen wirtschaftlichen oder sozialen Zweck verfolgte, der mit der Vermögenshingabe nicht erreicht wurde. Hauptfälle: Bettel-, Spendenbetrug.

Zweifelssatz

⇨ in dubio pro reo (iudicandum est)

Zweitzueignung
[§ 246]
★

Erneute Betätigung des Zueignungswillens nach bereits strafbarer Erlangung der Sache. Nach der Lit. tatbestandsmäßige Unterschlagung, aber ⇨ mitbestrafte Nachtat. Nach der Rspr. schon keine tatbestandsmäßige Zueignung mehr.
